# 职业培训小问答

ZHIYEPEIXUN
XIAOWENDA

本书编写组◎编

中国工人出版社

**图书在版编目（CIP）数据**

职业培训小问答／本书编写组编. —北京：中国工人出版社，2014.6
（劳动权益书系）
ISBN 978-7-5008-5813-3

Ⅰ.①职…　Ⅱ.①本…　Ⅲ.①劳动法—中国—问题解答　Ⅳ.①D922.505

中国版本图书馆CIP数据核字（2014）第113537号

职业培训小问答

| | |
|---|---|
| **出 版 人** | 李庆堂 |
| **责任编辑** | 吕　静 |
| **责任校对** | 孙迺伟 |
| **责任印制** | 栾征宇 |
| **出版发行** | 中国工人出版社 |
| **地　　址** | 北京市东城区鼓楼外大街45号　邮编：100120 |
| **网　　址** | http://www.wp-china.com |
| **电　　话** | （010）62350006（总编室）　（010）62005039（出版物流部）<br>（010）82075935（工会与劳动关系分社） |
| **发行热线** | （010）62004002　　（010）82081553（传真） |
| **经　　销** | 各地书店 |
| **印　　刷** | 北京市密东印刷有限公司 |
| **开　　本** | 660 毫米×960 毫米　1/16 |
| **印　　张** | 11. 25 |
| **字　　数** | 160 千字 |
| **版　　次** | 2015 年 3 月第 1 版　2018 年 8 月第 3 次印刷 |
| **定　　价** | 30. 00 元 |

# 目 录

职业培训小问答

# 一、职业培训面面观

## 1. 我国职业教育体系是怎样的?

根据不同地区的经济发展水平和教育普及程度，我国实施以初中后为重点的不同阶段的教育分流，建立、健全职业学校教育与职业培训并举，并与其他教育相互沟通、协调发展的职业教育体系。

（1）职业学校教育分为初等、中等、高等职业学校教育。初等、中等职业学校教育分别由初等、中等职业学校实施；高等职业学校教育根据需要和条件由高等职业学校实施，或者由普通高等学校实施。其他学校按照教育行政部门的统筹规划，可以实施同层次的职业学校教育。

（2）职业培训包括从业前培训、转业培训、学徒培训、在岗培训、转岗培训及其他职业性培训，可以根据实际情况分为初级、中级、高级职业培训。职业培训分别由相应的职业培训机构、职业学校实施。其他学校或者教育机构可以根据办学能力，开展面向社会的、多种形式的职业培训。

（3）残疾人职业教育除由残疾人教育机构实施外，各级各类职业学校和职业培训机构及其他教育机构应当按照国家有关规定接纳残疾学生。

（4）普通中学可以因地制宜地开设职业教育的课程，或者根据实际需要适当增加职业教育的教学内容。

→法条链接

《职业教育法》第十二条至第十六条、第二十五条

**小贴士**

接受职业学校教育的学生，经学校考核合格，按照国家有关规定，发给学历证书。接受职业培训的学生，经培训的职业学校或者职业培训机构考核合格，按照国家有关规定，发给培训证书。学历证书、培训证书按照国家有关规定，作为职业学校、职业培训机构的毕业生、结业生从业的凭证。

## 2. 我国现代职业教育的发展目标是什么？

2014 年，国务院作出了《关于加快发展现代职业教育的决定》，提出了我国现代职业教育的目标任务：到 2020 年，形成适应发展需求、产教深度融合、中职高职衔接、职业教育与普通教育相互沟通，体现终身教育理念，具有中国特色、世界水平的现代职业教育体系。具体包括：

（1）结构规模更加合理。总体保持中等职业学校和普通高中招生规模大体相当，高等职业教育规模占高等教育的一半以上，总体教育结构更加合理。到 2020 年，中等职业教育在校生达到 2350 万人，专科层次职业教育在校生达到 1480 万人，接受本科层次职业教育的学生达到一定规模。从业人员继续教育达到 3.5 亿人次。

（2）院校布局和专业设置更加适应经济社会需求。调整完善职业院校区域布局，科学合理设置专业，健全专业随产业发展动态调整的机制，重点提升面向现代农业、先进制造业、现代服务业、战略性新兴产业和社会管理、生态文明建设等领域的人才培养能力。

（3）职业院校办学水平普遍提高。各类专业的人才培养水平大幅提升，办学条件明显改善，实训设备配置水平与技术进步要求更加适应，现代信息技术广泛应用。专兼结合的“双师型”教师队伍建设进展显著。建成一批世界一流的职业院校和骨干专业，形成具有国际竞争力的人才培养高地。

（4）发展环境更加优化。现代职业教育制度基本建立，政策法规更加健全，相关标准更加科学规范，监管机制更加完善。引导和鼓励社会力量参与的政策更加健全。全社会人才观念显著改善，支持和参与职业教育的氛围更加浓厚。

→法条链接

《劳动法》总则、第八章

《国务院关于加快发展现代职业教育的决定》

小贴士

近年来，我国职业教育事业快速发展，体系建设稳步推进，培养培训了大批中高级技能型人才，为提高劳动者素质、推动经济社会发展和促进就业作出了重要贡献。但当前职业教育还不能完全适应经济社会发展的需要，结构不尽合理，质量有待提高，办学条件薄弱，体制机制不畅。加快发展现代职业教育，是党中央、国务院作出的重大战略部署，对于深入实施创新驱动发展战略，创造更大人才红利，加快转方式、调结构、促升级具有十分重要的意义。

### 3. 什么是职业培训？

职业培训是直接为适应经济和社会发展的需要，对要求就业和在职劳动者以培养和提高素质及职业能力为目的的教育和训练活动。职业培训是一种以劳动者为特定对象的劳动力资源开发活动，以直接满足社会、经济发展的某种特定需要为目的。职业培训通常是按照国家职业分类和职业技能标准进行的规范性培训。

职业培训的种类包括技能培训、劳动预备制度培训、再就业培训和企业职工培训。依据职业技能标准，培训的层次分为初级、中级、高级职业培训和其他适应性培训。培训工作主要由技工学校、就业训练中心、咨询公司、社会力量办学等各类职业培训机构承担。

1995 年 1 月 1 日实施的《劳动法》在总则规定，国家采取各种措施，促进劳动就业，发展职业教育，劳动者应提高职业技能。同时，专设第八章职业培训，规定了国家、各级人民政府、用人单位和劳动者对发展职业培训的具体责任。其中第六十六条规定，国家通过各种途径，采取各种措施，发展职业培训事业，开发劳动者的职业技能，提高劳动者素质，增强劳动者的就业能力和工作能力。

→法条链接

《劳动法》总则、第八章

小贴士

职业培训是国民教育的一个重要组成部分，它同普通教育既有联系又有区别。两者都是开发智力、培养人才，但是职业培训是直接培养劳动者，使其掌握从事某种职业的必要的专门知识和技能。



### 4. 职业培训的基本内容有哪些？

职业培训的基本内容一般分为基本素质培训、职业知识培训、专业知识与技能培训和社会实践培训。

（1）基本素质培训包括文化知识、道德知识、法律知识、公共关系与社会知识、生产知识与技能。这种培训主要是培养熟练工，培训的内容以基本素质培训为主，并结合用人单位的岗位设置及职业要求进行培训。

（2）职业知识培训包括职业基础知识、职业指导、劳动安全与保护知识、社会保险知识等。使求职者了解国家有关就业方针政策以及个人选择职业的知识和方法；掌握求职技巧、开业程序与相关政策；了解职业安全与劳动保护有关政策和知识；掌握社会保险方面的知识和政策。

（3）专业知识与技能培训包括专业理论、专业技能和专业实习。学员在专业理论的指导下掌握一定的专业技能，并通过在企业的实习，提高解决实际问题的能力，为就业打好基础。

（4）社会实践包括各种社会公益活动、义务劳动、参观学习和勤工俭学等。

→法条链接

《劳动法》第八章

小贴士

职业培训的目标、专业设置、教学内容等均根据职业技能标准、劳动力市场需求和用人单位的实际要求确定。经过职业培训的毕（结）业生可上岗作业。在培训形式上可采取联合办学、委托培训、定向培训等方式；在培训期限上采取长短结合的方式，可以脱产也可以半脱产；在培养对象上依据岗位的实际需要灵活确定；在教学形式上不受某种固定模式的限制，根据职业标准的要求采取多种形式的教学手段；在培训方法上强调理论知识教育与实际操作训练相结合，突出技能操作训练。

## 5. 什么是从业前培训？

从业前培训也称“就业前培训”，是指对初次就业人员获得就业能力进行必备的职业知识、技能的培养和训练。主要由职业培训机构和各类职业学校实施。目前，我国的从业前培训有技工学校、职业中学、就业训练中心和学徒培训四种基本形式。

→法条链接

《职业教育法》第十四条

小贴士

随着经济发展和社会的不断进步，各种职业对就业者的要求越来越高，劳动者如不具备一定的专业知识和技能就难以实现就业。我国改革劳动人事制度的一个重要方面，就是有步骤地推行“先培训，后就业”的制度。这一制度首先在专业性、技术性较强的行业实行，进而争取尽快做到在城市未经职业技术教育、达不到岗位规范要求的一律不得就业、上岗；在农村、企事业单位，包括乡、镇企业，招工、招干及从事技术性强的生产经营工作人员，必须从相应的专业对口的各种职业技术学校毕业生中择优录用，在对口专业合格毕业生尚未全部录用的情况下，用人单位一般不要另行从社会上招用人员。《职业教育法》也规定，从事技术工种的职工，上岗前必须经过培训；从事特种作业的职工必须经过培训，并取得特种作业资格。

## 6. 什么是转业培训？

转业培训是对失业人员在失业期间进行有目的、有计划、有组织的职业培训。转业培训的目的，是使失业人员尽快地适应社会生产对劳动者素质提出的新要求，帮助失业人员在较短时间内，提高个人劳动素质，尽快实现再就业。

转业培训内容包括各种专业知识、操作技能培训，职业指导教育，职业道德教育，法律培训，开业创业能力、市场适应能力培训以及相关政策培训等。操作技能、创业能力和市场适应能力培训练是转业培训的重点内容。

按照劳动力市场需要和下岗失业人员的文化程度、年龄、技能等特点，转业培训有委托培训、集中培训、上门培训、边实践边培训等多种办学形式。培训期限的确定主要以失业人员掌握再就业技能，并实现再就业为标准，以短期为主，长短结合，长的可以1—2年，短的可以几周。

→法条链接

《职业教育法》第十四条

小贴士

转业培训是对再次就业的人员获得新的就业能力进行的培训，主要由职业培训机构和各类职业学校实施。转业培训的对象一般具有一定的文化水平、工作经历和实践经验。如从事新的职业与原职业差别很大，就需要重新学习，以掌握新职业必备的技术业务知识和工作技能。

### 7. 什么是现代学徒制？

学徒培训是一种传统的培训方式，是在生产现场采取师傅带徒弟的方式培养技术工人，所以又称生产中培训。现代学徒制是通过学校、企业的深度合作与教师、师傅的联合传授，对学生以技能培养为主的现代人才培养模式，旨在解决企业招工难等难题。现代学徒制是产教融合的基本制度载体和有效实现形式，也是国际上职业教育发展的基本趋势和主导模式。

2012 年，国务院办公厅转发了人力资源社会保障部、财政部、国资委《关于加强企业技能人才队伍建设意见》，提出要探索建立企业新型学徒制度。选择有条件的企业开展新型学徒试点，采取“企校双制、工学一体”的模式，通过企校合作培养与企业以师带徒相结合的方式，对拟录用或新录用的员工开展学徒培训。企业应与职业院校或职业培训机构签订合作协议，明确学徒培训的形式、内容、期限、双方责任等具体内容，确保学徒在企业工作的同时，有一定时间到学校参加系统的专业知识和技能学习。企业应选派优秀的技能人才担任师傅，与学徒签订培训协议，明确培养目标、培训内容与期限、考核办法、学徒工资和师徒津贴等内容。企业可根据实际情况确定学徒期限，学徒期应不少于 1 年。各地应制定支持企业建立新型学徒制度的政策措施，对符合企业岗前培补贴条件的，按规定享受企业岗前培训费补贴政策。企业新型学徒制度试点办法将由人力资源社会保障部会同有关部门另行制定。

2014 年，教育部印发了《关于开展现代学徒制试点工作的意见》，决定开展现代学徒制试点工作。《意见》认为，现代学徒制有利于促进行业、企业参与职业教育人才培养全过程，实现专业设置与产业需求对接，课程内容与职业标准对接，教学过程与生产过程对接，毕业证书与职业资格证书对接，职业教育与终身学习对接，提高人才培养质量和针对性。

→政策链接

《关于开展现代学徒制试点工作的意见》

《关于加强企业技能人才队伍建设意见的通知》

小贴士

现代学徒制包括学历教育和非学历教育。各地应结合自身实际，可以从非学历教育入手，也可以从学历教育入手，探索现代学徒制人才培养规律，积累经验后逐步扩大。鼓励试点院校采用现代学徒制形式与合作企业联合开展企业职工岗前培训和转岗培训。

## 8. 什么是在职培训？

在职培训是指为提高在职劳动者的技术技能水平，由用人单位直接或委托其他培训机构对劳动者实施的培训。对劳动者进行在职培训是用人单位的法定义务。《劳动法》第八章第六十八条规定，用人单位应当建立职业培训制度，按照国家规定提取和使用职业培训经费，根据本单位实际，有计划地对劳动者进行职业培训。《职业教育法》第二十条规定，企业应当根据本单位的实际，有计划地对本单位的职工和准备录用的人员实施职业教育。企业可以单独举办或者联合举办职业学校、职业培训机构，也可以委托学校、职业培训机构对本单位的职工和准备录用的人员实施职业教育。从事技术工种的职工，上岗前必须经过培训；从事特种作业的职工必须经过培训，并取得特种作业资格。

→法条链接

《劳动法》第六十八条

《职业教育法》第二十条、第二十八条、第二十九条

小贴士

《职业教育法》第四章第二十八条规定，企业应当承担对本单位的职工和准备录用的人员进行职业教育的费用，具体办法由国务院有关部门会同国务院财政部门或者由省、自治区、直辖市人民政府依法规定。第二十九条规定，企业未按本法第二十条的规定实施职业教育的，县级以上地方人民政府应当责令改正；拒不改正的，可以收取企业应当承担的职业教育经费，用于本地区的职业教育。

## 9. 什么是转岗培训？

转岗培训是指为转换工作岗位，使转岗人员掌握新岗位技术业务知识和工作技能，取得新岗位上岗资格所进行的培训。企业应结合岗位技能的要求，根据先培训后上岗的原则，对新录用和转岗的职工，通过自主培训或委托培训等方式，开展以基本技能、安全知识、操作规程、规章制度及从业素质为主要内容的岗前培训。转岗培训的对象一般具有一定的工作经历和实践经验，但转移的工作岗位与原工作岗位差别较大，需要进行全面的培训，以掌握新知识、新技能。

→法条链接

《职业教育法》第十四条

小贴士

因组织原因和个人不能胜任工作而需要转岗，可按以下程序进行：一是确定转换的岗位。职工的领导根据其具体条件并在征求本人的意见后提出建议，由人事部门确定。二是确定培训内容和方式。培训内容根据职工将要从事的岗位的具体要求，培训方式则根据培训内容和受训人数等因素确定。三是实施培训。转岗培训与岗前培训在内容的差别是，转岗前培训更偏重专业知识、技能、管理实务的培训。四是考试考核。培训结束后应对受训者进行考试或考核，考试、考核合格，人力资源部门办理正式转岗手续。

## 10. 什么是再就业培训？

再就业培训是指对有过一次工作经历的职工失业或下岗后，对其进行的从事职业所必需的职业指导、职业技能、职业道德和职业纪律的培训。再就业培训是帮助劳动者提高再就业能力，从而尽快实现再就业的重要措施。

再就业培训的内容包括：

（1）开展职业指导。建立职业指导制度，帮助下岗职工更新就业观念，树立自主就业意识；为他们提供职业需求信息和介绍求职方法，指导他们制订个人再就业计划和措施。

（2）组织职业技能培训。根据劳动力市场需求和下岗职工的特点，确定培训项目，制订培训计划，着力开展适应性职业技能培训。在培训方式上，可利用现有培训机构组织集体办班，或采取企业与职业培训机构联合办班，也可利用广播电视、函授等现代化教学手段进行培训，使下岗职工较快地提高再就业技能。还可鼓励个人自学。

（3）进行创业能力培训。对准备自谋职业，特别是有创办小企业意向的下岗职工开展创业能力培训，使他们熟悉国家相关政策和法规，了解开业或创办企业必备的知识和程序，掌握经营管理方法，提高适应市场的能力，指导他们制订切实可行的创业方案，帮助他们解决落实中的问题。在他们开业后还应继续进行必要的咨询服务和业务指导。



→法条链接

《劳动法》第八章

《国务院办公厅转发劳动保障部等部门关于积极推进劳动预备制度加快提高劳动者素质意见的通知》

《关于印发劳动预备制培训实施办法的通知》

小贴士

搞好再就业培训，有利于提高劳动者的整体素质。当前，针对再就业困难并急需职业技能的下岗职工开展再就业培训，努力提高他们的职业技术素质，不仅可以为下岗职工再就业创造条件，而且可以促进劳动者整体素质的提高。

## 11. 什么是创业培训？

创业培训是对具有创办小企业意向的人员和小企业经营管理者进行企业创办能力、市场经营素质等方面的培训，并对他们在企业开办、经营过程中给予一定的政策指导，其目的是通过提高企业创办者创业的心理、管理、经营等素质，增强参与市场竞争和驾驭市场的应变能力，使小企业创办者在成功地创办企业、解决自身就业问题的同时，创造和增加社会就业岗位，帮助更多的人实现就业或再就业。

创业是当今社会发展的大趋势。鼓励创业，不仅有利于拓宽劳动者的就业门路，为社会创造更多的就业岗位，而且有利于实现劳动者的个人价值，在全社会形成创新、创业的氛围，推动社会经济的持续、快速、健康发展。

创业培训的模式包括 SIYB 培训模式、三段式培训模式、远程培训模式以及各地结合实际需要自创的培训模式等。劳动者在接受培训后实现创业分为创办企业和自谋职业两种形式。前者要在工商部门办理私营企业注册登记；后者是指在工商部门办理个体营业执照或在社区举办非正规就业组织并开发教学计划组织实施创业培训。

→政策链接

《中共中央国务院关于切实做好国有企业下岗职工基本生活保障和再就业工作的通知》

《关于印发创业培训试点指导意见的通知》

小贴士

凡有创业愿望和一定创业条件的下岗职工、失业人员、个体经营者、中小企业（包括劳服企业）管理者及社会其他人员，均可作为创业培训对象。当前应把下岗职工和失业人员作为培训的重点，以后有步骤地将范围扩大到城乡其他劳动者。对要求参加培训的人员，应首先进行能力测试，从中筛选出具有一定文化素质、心理素质和一定创业条件（包括资金、项目、技术、场地等）的人员，到指定的培训机构接受培训。

## 12. “创办和改善你的企业（SIYB）”创业培训是怎么一回事儿？

SIYB 全称是“Start & Improve Your Business”，意为“创办和改善你的企业”。它包括“产生你的企业想法”（GYB）、“创办你的企业”（SYB）、“改善你的企业”（IYB）和“扩大你的企业”（EYB）四种培训课程。这套培训课程专门培养潜在的和现有的小企业者，使他们有能力创办切实可行的企业，提高现有企业的生命力和盈利能力，并在此过程中为他人创造就业机会。

为了缓解严峻的就业问题，我国于 2004 年引进了国际劳工组织开发的“创办和改善你的企业”（SIYB）创业培训项目，并根据我国的实际情况对教材进行了改编，形成了中国版的“创办和改善你的企业”（SIYB）培训教材。

GYB 全称是“Generate Your Business Idea”，意为“产生你的企业想法”。培训课程由国际劳工组织（ILO）开发，是全球 ILO“创办和改善你的企业”（SIYB）项目系列产品中的第一个服务项目。参加 GYB 培训课程包括：确定你是否具备创办企业素质和能力，产生创办企业想法，找出最适合你个人情况的企业想法。GYB 培训帮助你确定是否适合经营企业。你可以通过自我评估来了解你的企业家素质，并得到专家指导，进一步发挥你在企业管理方面的优势。

SYB 的全称是“Start Your Business”，意为“创办你的企业”，它是“创办和改善你的企业”（SIYB）系列培训教程的一个重要组成部分，由国际劳工组织开发，是为有愿望开办自己中小企业的创业者量身定制的培训项目。创业培训不仅使学员的就业观念发生转变，更激发了他们的创业意识，掌握创业技能，增强微小企业抗风险能力，使学员在短时间内成为微型企业的老板。

IYB 的全称是“Improve Your Business”，意为“改善你的企业”。培训对象为小企业主，目的是帮助小企业建立基本的管理体系，使企业更具活力，创造更多的工作岗位。IYB 培训内容是：开发和实施市场营销计划、为产品和服务核算成本、控制库存、准备企业财务计划和财务表、管理原材料采购、建立记账体系、起草生产力改进计划。

EYB的全称是“Expand Your Business”，意为“扩大你的企业”。培训对象是注重企业增长的小型企业老板，课程通过企业增长战略方面的教育使得小老板能够规划并成功实施企业增长计划，并因此成功扩大企业运行规模。

→政策链接

《中共中央国务院关于切实做好国有企业下岗职工基本生活保障和再就业工作的通知》

《关于印发创业培训试点指导意见的通知》

小贴士

SIYB创业培训是国际劳工组织针对培养微（小）型企业创办者的需要而专门开发的一个培训项目，在世界80多个国家推广。SYB培训项目引入中国后，已在50多个城市实施。通过创业意识培训，衡量是否适合办企业，并产生可行的创业想法，通过创业计划培训引导完成创业要经历的各个环节和步骤，衡量企业能否开办下去。通过练习，劳动者可以将自己的创业构思，用系统的知识去计划、演算，形成创业计划书。

## 13. 什么是远程职业培训?

远程职业培训是指利用计算机互联网开展远程职业教育，这是国际教育和职业培训改革的潮流和发展方向。中国人多地广的国情需要充分利用计算机信息网络等教育手段，开展远程职业培训。为此，人力资源和社会保障部在中国就业培训技术指导中心专门设有远程培训管理机构，拥有一套远程培训先进设备，同时成立了远程培训专家委员会，并下设了10多个行业的专家小组。在委员会的组织下，正在有计划地开发了远程职业培训音像教材。中心与中央电视台和中央广播电视大学等机构合作，已开展了缝纫、家政服务、电子商务等职业的远程培训。在网络培训方面，正在组织开发秘书和电子商务网络培训课件。

→法条链接

《劳动法》第八章

《中共中央国务院关于深化教育改革全面推进素质教育的决定》

小贴士

远程职业培训的优势在于通过计算机互联网，学员不受地域的限制，可以足不出户地坐在家中，利用业余时间参加远程培训学习；学习效率可以接近或达到直接参加面授班的效果。



## 14. “春潮行动”（农民工职业技能提升计划）是怎么回事儿？

为贯彻落实中央经济工作会议和中央城镇化工作会议精神，进一步提高农村转移就业劳动者就业创业能力，加快推动农业转移人口市民化，人力资源和社会保障部于 2014 年在全国组织实施了农民工职业技能提升计划——“春潮行动”。

该行动的目标任务是：适应农村转移就业劳动者实现就业和稳定就业的需要，通过开展培训将农村转移就业劳动者培养成为符合经济社会发展需求的高素质技能劳动者。到 2020 年，力争使新进入人力资源市场的农村转移就业劳动者都有机会接受一次相应的就业技能培训；力争使企业技能岗位的农村转移就业劳动者得到一次岗位技能提升培训或高技能人才培训；力争使具备一定创业条件或已创业的农村转移就业劳动者有机会接受创业培训。

（1）就业技能培训。每年面向农村新成长劳动力和拟转移就业劳动者开展政府补贴培训 700 万人次，培训合格率达到 90% 以上，就业率达到 80% 以上。

（2）岗位技能提升培训。每年面向在岗农民工开展政府补贴培训 300 万人次，培训合格率达到 90% 以上。

（3）创业培训。每年面向有创业意愿的农村转移就业劳动者开展创业培训 100 万人次，培训合格率达到 80% 以上，创业成功率达到 50% 以上。

→政策链接

《国家新型城镇化规划（2013—2020 年）》

《国务院关于加强职业培训促进就业的意见》

《关于印发农民工职业技能提升计划——“春潮行动”实施方案的通知》

小贴士

根据国家统计局抽样调查结果，2013 年全国农民工总量 26894 万人，比上年增加 633 万人，增长 2.4%。其中，外出农民工 16610 万人，增加 274 万人，增长 1.7%；本地农民工 10284 万人，增加 359 万人，增长 3.6%。在外出农民工中，住户中外出农民工 13085 万人，增加 124 万人，增长 1.0%，举家外出农民工 3525 万人，增加 150 万人，增长 4.4%。



## 15. “春潮行动”的主要内容有哪些?

（1）就业技能培训。是指对农村新成长劳动力和拟转移到非农产业务工经商的农村劳动者开展专项技能或初级技能培训。依托技工院校、职业院校、企业培训机构、就业训练中心、民办职业培训机构等教育培训机构，采取政府购买服务培训方式，坚持以就业为导向，强化实际操作技能训练和职业素质培养，使他们达到上岗要求或掌握初级以上职业技能，着力提高培训后的就业率。对少数民族农村转移就业劳动者，可根据其需要在开展职业技能培训的同时，开展国家通用语言培训。对符合条件的，按规定给予职业培训补贴和职业技能鉴定补贴。

劳动预备制培训。对农村未继续升学并准备进入非农产业就业或进城务工的应届初高中毕业生、农业户籍退役士兵开展储备性专业技能培训。依托技工院校，采取政府购买服务培训方式，对其开展 1—2 个学期的储备性专业技能培训，基本消除农村新成长劳动力无技能从业现象。对符合条件的，按规定给予职业培训补贴、职业技能鉴定补贴和生活费补贴。

（2）岗位技能提升培训。对与企业签订 6 个月以上期限劳动合同的在岗农民工开展提高技能水平的培训。由企业依托所属培训机构或政府认定的培训机构，根据行业特点和岗位技能需求，结合技术进步和产业升级对职工技能水平的要求，对新录用农村转移就业劳动者开展岗前培训或学徒培训，对已在岗农民工开展岗位技能提升培训。培训经费由企业职工教育经费列支。对符合条件的，按规定给予企业一定比例的职业培训补贴和职业技能鉴定补贴。

高技能人才培训。对具备中级以上职业技能等级的在岗农民工开展高技能人才培训。人力资源社会保障部门根据区域经济社会发展需求和产业发展要求制定高技能人才培养规划，鼓励符合条件的企业在岗农民工参加高技能人才培训，提升其技能水平和职业技能等级。培训经费由企业职工教育经费列支。对符合条件的，按规定给予技师培训补贴。

（3）创业培训。对有创业意愿并具备一定创业条件的农村转移就业劳动者开展提高其创业能力的创业培训。依托创业培训机构，结合当地产业发展和创业项目，根据培训对象特点和需求组织开展创业培训，重点开展创业意识教育、创业项目指导和企业经营管理培训，提高培训对象的创业能力。对符合条件的，按规定给予创业培训补贴。

→政策链接

《国家新型城镇化规划（2013—2020 年）》

《国务院关于加强职业培训促进就业的意见》

《关于印发农民工职业技能提升计划——“春潮行动”实施方案的通知》

小贴士

根据国家统计局抽样调查结果，2013 年接受过技能培训的农民工占 32.7%，比上年提高 1.9 个百分点。各年龄段农民工接受培训比重均有提高。56.8%的农民工从事第二产业，42.6%的农民工从事第三产业。农民工在东部地区就业以从事制造业为主，在中部地区就业从事建筑业与制造业并重，在西部地区就业以从事建筑业为主。83.5%的农民工为受雇就业，16.5%的农民工为自营就业。受雇就业农民工65%从事第二产业；自营就业农民工82.1%从事第三产业。

# 二、职业分类、职业标准与职称不复杂

## 16. 什么是职业分类？

我国职业培训体系包括职业分类与职业（技能）标准、职业培训、职业技能鉴定和职业资格证书、技能竞赛和技能人才表彰等方面。其中，职业分类是指依据一定的规则、标准及方法，按照职业的性质和特点，把一般特征和本质特征相同或相似的社会职业，分成并统一归纳到一定类别系统中去的过程。职业分类不仅是形成产业结构概念和进行产业结构、产业组织及产业政策研究的前提，同时也是对劳动者及其劳动进行分类管理、分级管理及系统管理的需要。

→法条链接

《劳动法》第六十九条

小贴士

职业是指劳动者参与社会分工，用专业的技能和知识创造物质或精神财富，获取合理报酬的工作。职业具有社会性、连续性（也称稳定性）、经济性等特征。职业分类具有非常大的作用，它有助于国家对职工队伍进行有针对性的分类管理，可以通过确定各个职业的工作责任以及所需要的职业素质为岗位责任制提供依据，还有助于建立合理的职业结构和职工配制体系。不同的职业，通常意味着不同的发展机会与空间，也决定了不同的生活方式。俗话说“男怕入错行”，可见职业的重要性。

## 17. 什么是《中华人民共和国职业分类大典》？

1986 年，国家统计局和国家标准局参照国际标准和方法，首次颁布了中华人民共和国国家标准《职业分类与代码》（GB6565－86），并启动了编制国家统一职业分类标准的宏大工程。这次颁布的《职业分类与代码》将全国职业分为 8 个大类、63 个中类、303 个小类。1992 年，原国家劳动部会同国务院各行业部委组织编制了《中华人民共和国工种分类目录》，根据管理工作的需要，按照生产劳动的性质和工艺技术的特点，将当时我国近万个工种归并为分属 46 个大类的 4700 多个工种，初步建立起行业齐全、层次分明、内容比较完整、结构比较合理的工种分类体系，为进一步做好职业分类工作奠定了坚实基础。根据社会经济发展的需要，1995 年 2 月，劳动和社会保障部、国家统计局和国家质量技术监督局联合中央各部委共同成立了国家职业分类大典和职业资格工作委员会，组织社会各界上千名专家，经过四年的艰苦努力，于 1998 年 12 月编制完成了《中华人民共和国职业分类大典》，并于 1999 年 5 月正式颁布实施。

《中华人民共和国职业分类大典》是我国第一部对职业进行科学分类的权威性文献。由于它的编制与国家标准《职业分类与代码》（GB6565－86）的修订同步进行，相互完全兼容，因此，它本身也就代表了国家标准。《中华人民共和国职业分类大典》的重要贡献在于，它在广泛借鉴国际先进经验（特别是《国际标准职业分类》ISCO－88）和深入分析我国社会职业构成的基础上，突破了过去以行业管理机构为主体，以归口部门、单位甚至用工形式来划分职业的传统模式，采用了以从业人员工作性质的同一性作为职业划分标准的新原则，并对各个职业的定义、工作活动的内容和形式以及工作活动的范围等作了具体描述，体现了职业活动本身固有的社会性、目的性、规范性、稳定性和群体性的特征。

→法条链接

《中华人民共和国职业分类大典》

小贴士

《中华人民共和国职业分类大典》科学地、客观地、全面地反映了当前我国社会的职业构成，填补了我国长期以来在国家统一职业分类领域存在的空白，具有深远的意义和广泛的应用领域。

## 18. 目前我国的职业分类是怎样的?

《中华人民共和国职业分类大典》把我国职业划分为由大到小、由粗到细的四个层次：大类（8 个）、中类（66 个）、小类（413 个）、细类（1838 个）。细类为最小类别，亦即职业。8 个大类分别是：

（1）国家机关、党群组织、企业、事业单位负责人，其中包括 5 个中类，16 个小类，25 个细类；

（2）专业技术人员，其中包括 14 个中类，115 个小类，379 个细类；

（3）办事人员和有关人员，其中包括 4 个中类，12 个小类，45 个细类；

（4）商业、服务业人员，其中包括 8 个中类，43 个小类，147 个细类；

（5）农、林、牧、渔、水利业生产人员，其中包括 6 个中类，30 个小类，121 个细类；

（6）生产、运输设备操作人员及有关人员，其中包括 27 个中类，195 个小类，1119 个细类；

（7）军人，其中包括 1 个中类，1 个小类，1 个细类；

（8）不便分类的其他从业人员，其中包括 1 个中类，1 个小类，1 个细类。

→法条链接

《中华人民共和国职业分类大典》

小贴士

为保证各地劳动力市场使用的职业分类与代码的科学和规范，有利于劳动力市场信息联网，劳动和社会保障部在主持编纂《职业分类大典》的同时，根据重新修订的职业分类国家标准《职业分类与代码》（GB/T6565－1999）和《职业分类大典》，制定了《劳动力市场职业分类与代码（LB501－1999）》，并于2002年进行了修改。新标准《劳动力市场职业分类与代码（LB501－2002）》分为6个大类，56个中类，236个小类，17个细类。

## 19. 什么是国家职业标准？

按照标准化对象，通常把标准分为技术标准、管理标准和工作标准三大类。其中，工作标准是指对工作的责任、权利、范围、质量、程序、效果及检查方法和考核办法所制定的标准，一般包括部门工作标准和岗位（个人）工作标准。国家职业标准属于工作标准，是在职业分类的基础上，根据职业（工种）的活动内容，对从业人员工作能力水平的规范性要求。它是从业人员从事职业活动，接受职业教育培训和职业技能鉴定以及用人单位录用、使用人员的基本依据。国家职业标准由人力资源和社会保障部门组织制定并统一颁布。

国家职业技能标准包括职业概况、基本要求、工作要求和比重表四个部分，其中工作要求为国家职业技能标准的主体部分。

（1）职业概况是对本职业的基本情况的描述，包括职业名称、职业定义、职业等级、职业环境条件、职业能力特征、培训要求、鉴定要求等内容。

（2）基本要求包括职业道德和基础知识，其中职业道德是指从事本职业工作应具备的基本观念、意识、品质和行为的要求，一般包括职业道德知识、职业态度、行为规范；基础知识是指本职业各等级从业人员都必须掌握的通用基础知识，主要是与本职业密切相关并贯穿于整个职业的基本理论知识、有关法律知识和安全卫生、环境保护知识。

（3）工作要求是在对职业活动内容进行分解和细化的基础上，从技能和知识两个方面对完成各项具体工作所需职业能力的描述。包括职业功能、工作内容、技能要求、相关知识。其中职业功能是指一个职业所要实现的活动目标，或是一个职业活动的主要方面（活动项目）。根据不同职业的性质和特点，可按工作领域、项目或工作程序来划分。工作内容是指完成职业功能所应做的工作，可以按种类划分，也可以按照程序划分。每项职业功能一般包含两个或两个以上的工作内容。技能要求是指完成每一项工作内容应达到的结果或应具备的技能。相关知识是指完成每项操作技能应具备的知识，主要指与技能要求相对应的技术要求、有关法规、操作规程、安全知识和理论知识等。

（4）比重表包括理论知识比重表和技能比重表。其中，理论知识比重表反映基础知识和每一项工作内容的相关知识在培训考核中应占的比例；技能比重表反映各项工作内容在培训考核中所占的比例。

→法条链接

《劳动法》第六十九条

小贴士

职业标准是职业教育培训课程开发的依据。国家职业标准通过工作分析方法，描述了胜任各种职业所需的能力，反映了企业和用人单位的用人要求。开发制定国家职业标准，对于提高广大劳动者素质，引导职业教育培训，推动职业资格证书制度建设，促进就业和劳动力市场建设都将起到积极而重要的作用。据人社部职业技能鉴定中心网站数据显示，截至2013年11月，已颁布国家职业技能标准目录1071个，其中最早的两个职业技能标准是1999年4月30日颁布的汽车配件销售员和旧机动车鉴定估价师，当前最新的职业标准是2013年1月7日颁布的中药购销员。

## 20. 什么是专业技术资格（职称）？

专业技术资格又称为职称，指专业技术人员的专业技术水平、能力以及成就的等级称号，反映专业技术人员的学术和技术水平、工作能力的工作成就。职称最初源于职务名称，在理论上职称是指专业技术人员的专业技术水平、能力，以及成就的等级称号，反映专业技术人员的学术和技术水平、工作能力的工作成就。就学术而言，它具有学衔的性质；就专业技术水平而言，它具有岗位的性质。

→法条链接

《专业技术人员资格考试违纪违规行为处理规定》第三条

小贴士

专业技术人员拥有何种专业技术职称，表明他具有何种学术水平或从事何种工作岗位，象征着一定的身份。在我国，职称通过申报、评审，由主管部门授予，一般认为决定是否授予职称是由主管部门领导决定，评审主要是形式。

### 21. 职称有几个级别？

职称分为正高级、副高级、中级、助理级、员级 5 个级别。其中，中等职业学校教师、播音、卫生技术、农业技术、档案、文物博物、图书资料、群众文化、技校教师、经济、会计、统计、审计、工程技术、计划生育、党校教师系列（专业）设 5 个级别。高校教师、新闻、科学研究、出版、教练员、翻译、艺术系列、律师、公证系列（专业）设正高级、副高级、中级、助理级 4 个级别。中小学教师设正高级、高级、一级、二级、三级 5 个级别。

→政策链接

参见国务院各部委关于职称评定的相关规定

小贴士

职称可评可考。一般而言，具备职称评定条件的人不用参加全国统考，可以直接评定职称，与考试获得的职称具有同等效力，政府机关、国有企事业单位等均与认可，并且可以将职称评定档案调入所在单位主管人事部门。如果有的人不具备职称评定条件，又想获得职称，那就需要参加全国统一考试了。所以说，职称可评可考，考评效力同等，全国各地通用。一般而言，通过评定获得职称证书的人比通过考试获得职称证书的人更容易被社会认可与接受。因为评定职称的人有资格、有经验；而通过考试获得职称证书的人缺少资格、缺少经验。在当今社会，在能力重于学历，水平重于文凭的共识下，越来越多的人踊跃评定职称。

## 22. 什么是职称评定，申报职称需要具备什么条件？

职称评定是指由专业技术人员本人提出晋升职称的申请，由领导人员和专家的职称评定或职称评定小组对其学识水平、业务能力和工作成就进行考核，并根据中央或地方有关评定职称的规定进行评议，提出其是否符合晋升职称条件的意见，然后报上级批准的一整套工作制度。不同行业不同地区职称评定标准是不同的。一般来说，职称评定的条件大致如下：

（1）员级职称。包括：中等专业学校毕业，从事专业技术工作一年以上；其他符合评定条件人员。

（2）助理级职称。包括：硕士研究生毕业，可直接评定；大学本科毕业，从事专业技术工作一年以上；大学专科毕业，从事专业技术工作三年以上；中等专业学校毕业，取得员级职称，从事专业技术工作四年以上；其他符合评定条件人员。

（3）中级职称。包括：博士研究生毕业，经考试合格，可以评为中级职称；硕士研究生毕业，从事专业技术工作三年以上；大学本科毕业，取得助理级职称，从事专业技术工作四年以上；大学专科毕业，取得助理级职称，从事专业技术工作四年以上；其他符合评定条件人员。

（4）副高级职称。包括：博士研究生毕业，取得中级职称，从事专业技术工作两年以上；硕士研究生毕业，取得中级职称，从事专业技术工作五年以上；大学本科毕业，取得中级职称，从事专业技术工作五年以上；其他符合评定条件人员。

（5）正高级职称。包括：大学本科以上毕业后，取得副高级职称，并从事专业技术工作五年以上；其他符合评定条件人员。

→政策链接

参见中央或地方有关评定职称的规定

小贴士

凡符合上述申报条件的人员，还必须遵纪守法，具有良好职业道德，能认真履行岗位职责，在本专业岗位上做出显著成绩，且具备相应的专业理论水平和实际工作能力。

## 23. 什么是专业技术人员资格考试?

专业技术人员资格考试，俗称“职称考试”，是指由人力资源社会保障部或者由其会同有关行政部门确定，在全国范围内统一举行的与评聘专业技术职务相关的考试、职业准入资格考试和职业水平考试。我国的职称考试始于1990年9月，由国家人事部（现为人力资源和社会保障部）为了深化职称改革，建立了专业技术人员资格考试制度。

→法条链接

《专业技术人员资格考试违纪违规行为处理规定》第三条

小贴士

专业技术人员资格考试是一项很严格的制度。为保证考试的公平、公正，规范对考试中违纪违规行为的处理，2011年3月人力资源和社会保障部修订颁布了《专业技术人员资格考试违纪行为处理规定》，以维护专业技术人员的合法权益。

## 24. 香港、澳门居民怎样参加内地的专业技术人员资格考试?

根据原人事部《关于做好香港、澳门居民参加内地统一举行的专业技术人员资格考试有关问题的通知》，香港、澳门居民可以报名参加内地统一举行的专业技术人员资格考试：

（1）自2005年度起，凡符合注册建筑师、注册结构工程师、注册土木工程师（岩土）、注册土木工程师（港口与航道）、注册公用设备工程师、注册化工工程师、注册电气工程师、注册城市规划师、注册税务师、注册资产评估师、监理工程师、造价工程师、房地产估价师、房地产经纪人、建造师、执业药师、拍卖师、价格鉴证师、企业法律顾问、假肢与矫形器制作师、棉花质量检验师、矿业权评估师、注册咨询工程师（投资）、注册安全工程师、注册核安全工程师、注册设备监理师、土地登记代理人、国际商务、环境影响评价工程师和质量、翻译、计算机技术与软件、卫生、经济、统计、审计、会计等37项考试相应规定的香港、澳门居民，均可按照规定的程序和要求，报名参加相应专业考试。

（2）2000年5月，经国务院港澳办同意，已允许香港居民报名参加内地统一举行的珠宝玉石质量检验师执业资格考试。自2005年度起，符合该专业执业资格考试报名条件的澳门居民，也可按规定的程序和要求，报名参加本专业考试。

（3）香港、澳门居民申请参加相应专业考试，在报名时应向当地考试报名机构提交本人身份证明。凡报名条件中有专业学历和从事相关专业工作年限规定的，在报名时，还应提交国务院教育行政部门认可的相应专业学历或学位证书，以及相应专业机构从事相关专业工作年限的证明。

→政策链接

《关于做好香港、澳门居民参加内地统一举行的专业技术人员资格考试有关问题的通知》

小贴士

根据国务院批准的《〈内地与香港关于建立更紧密经贸关系的安排〉补充协议》和《〈内地与澳门关于建立更紧密经贸关系的安排〉补充协议》，原人事部于2005年1月14日制定发布了《关于做好香港、澳门居民参加内地统一举行的专业技术人员资格考试有关问题的通知》。根据《通知》规定，凡各专业技术人员资格考试规定中的有关条款与本通知不符合的，以本通知为准。

## 25. 台湾居民能够参加内地的哪些专业技术人员资格考试?

多年来，大陆已经向台湾居民陆续开放了多批专业技术人员资格考试。具体包括：珠宝玉石质量检验师、注册建筑师；经济、会计、卫生、计算机技术与软件、质量管理、翻译、拍卖师、执业药师、棉花质量检验师、注册资产评估师（含珠宝评估专业）、房地产估价师、房地产经纪人、造价工程师、注册咨询工程师（投资）和注册税务师；统计、审计、价格鉴证师、社会工作者、国际商务、土地登记代理人、环境影响评价工程师、企业法律顾问、注册安全工程师、勘察设计领域的注册结构工程师和注册土木工程师；通信、出版、投资建设项目管理师、管理咨询师、假肢与矫形器制作师、地震安全性评价工程师、监理工程师、监理工程师、注册验船师、注册设备监理师和注册计量师等。

需要报名参加相应专业考试的台湾居民，应按照人事部（人力资源和社会保障部）发布的本年度专业技术人员资格考试工作计划要求，并根据所在地的省级相应专业考试考务管理机构规定的报名日期、程序和相关要求，到当地考试报名机构办理考试报名手续。在报名时，台湾居民应向当地考试报名机构提交《台湾居民来往大陆通行证》。凡本专业考试报名条件中有专业学历和从事相关专业工作年限规定的，还应提交国务院教育行政部门认可的相应专业学历或学位证书和本人工作单位出具的从事相应专业工作年限的证明。经本专业考试考务管理机构审查合格后，向申请人核发准考证、安排考场。申请人凭准考证在指定的时间、地点参加本专业考试。

→政策链接

《关于允许台湾地区居民取得注册建筑师资格有关问题的通知》

《关于向台湾居民开放部分专业技术人员资格考试有关问题的通知》

《关于再向台湾居民开放部分专业技术人员资格考试有关问题的通知》

《关于继续向台湾居民开放部分专业技术人员资格考试有关问题的通知》

小贴士

由于部分专业考试科目的成绩实行滚动管理办法，台湾居民报名和参加同一专业各科目考试的地点应相对固定。确有特殊情况，需在异地报名并参加剩余科目考试的，在报名时应按规定向当地考试管理机构提交本人上次参加本专业考试的档案号，以便合成考试成绩和颁发资格证书。

# 三、技能人才队伍建设很重要

## 26. 我国人才发展的总体目标是什么？

所谓人才，是指具有一定的专业知识或专门技能，进行创造性劳动并对社会作出贡献的人，是人力资源中能力和素质较高的劳动者。人才是我国经济社会发展的第一资源。《国家中长期人才发展规划纲要（2010—2020年）》提出，我国人才发展的总体目标是：到2020年，培养和造就规模宏大、结构优化、布局合理、素质优良的人才队伍，确立国家人才竞争比较优势，进入世界人才强国行列，为在本世纪中叶基本实现社会主义现代化奠定人才基础。具体包括：

（1）人才资源总量稳步增长，队伍规模不断壮大。人才资源总量从现在的1.14亿人增加到1.8亿人，增长58%，人才资源占人力资源总量的比重提高到16%，基本满足经济社会发展需要。

（2）人才素质大幅度提高，结构进一步优化。主要劳动年龄人口受过高等教育的比例达到20%，每万劳动力中研发人员达到43人年，高技能人才占技能劳动者的比例达到28%。人才的分布和层次、类型、性别等结构趋于合理。

（3）人才竞争比较优势明显增强，竞争力不断提升。人才规模效益显著提高。在装备制造、信息、生物技术、新材料、航空航天、海洋、金融财会、生态环境保护、新能源、农业科技、宣传思想文化等经济社会发展重点领域，建成一批人才高地。

（4）人才使用效能明显提高。人才发展体制机制创新取得突破性进展，人才辈出、人尽其才的环境基本形成。人力资本投资占国内生产总值比例达到15%，人力资本对经济增长贡献率达到33%，人才贡献率达到35%。

《人力资源和社会保障事业发展“十二五”规划纲要》提出，在“十二五”期间，要造就宏大的高素质人才队伍。全国人才资源总量达到1.56亿人。其中，专业技术人才总量达到6800万人左右，高技能人才总量达到3400万人。高、中、初级专业技术人才比例为10∶38∶52，从事研究开发的科学家和工程师达到200万人年，每万劳动力中研发人员达到33人年。

→政策链接

《国家中长期人才发展规划纲要（2010—2020年）》

《关于印发人力资源和社会保障事业发展“十二五”规划纲要的通知》

小贴士

进入新世纪新阶段，党中央、国务院作出了实施人才强国战略的重大决策。当前我国人才发展的总体水平同世界先进国家相比仍存在较大差距：高层次创新型人才匮乏，人才创新创业能力不强，人才结构和布局不尽合理，人才发展体制机制障碍尚未消除，人才资源开发投入不足，等等。未来十几年，是我国人才事业发展的重要战略机遇期。我们必须主动适应我国经济社会发展需要，坚定不移地走人才强国之路。

中央组织部、人力资源社会保障部近日发布《高技能人才队伍建设中长期规划（2010—2020年）》。这是新中国成立以来第一个高技能人才队伍发展规划，这一规划将成为当前和今后一个时期我国高技能人才工作的重要纲领性文件。

《高技能人才队伍建设中长期规划（2010—2020年》是国家人才发展规划体系的重要组成部分。



## 27. 专业技术人才队伍发展的目标和举措是什么？

根据《国家中长期人才发展规划纲要（2010—2020年）》，我国专业技术人才队伍建设的发展目标是：适应社会主义现代化建设的需要，以提高专业水平和创新能力为核心，以高层次人才和紧缺人才为重点，打造一支宏大的高素质专业技术人才队伍。到2015年，专业技术人才总量达到6800万人。到2020年，专业技术人才总量达到7500万人，占从业人员的10%左右，高级、中级、初级专业技术人才比例为10∶40∶50。

主要举措包括以下12项：进一步扩大专业技术人才队伍培养规模，提高专业技术人才创新能力。构建分层分类的专业技术人才继续教育体系，加快实施专业技术人才知识更新工程。进一步实施并完善新世纪百千万人才工程。组织实施青年英才开发计划、高素质教育人才培养工程、文化名家工程、全民健康卫生人才保障工程。加大现代物流、电子商务、法律、咨询、会计、工业设计、知识产权、食品安全、旅游等现代服务业人才培养开发力度，重视传统服务业各类技术人才的培养。发挥各类社会组织培养专业技术人才的作用。制定双向挂职、短期工作、项目合作等灵活多样的人才柔性流动政策，引导党政机关、科研院所和高等学校专业技术人才向企业、社会组织和基层一线有序流动，促进专业技术人才合理分布。统筹推进专业技术职称和职业资格制度改革。完善政府特殊津贴制度，强化激励，科学管理。改进专业技术人才收入分配等激励办法。改善基层专业技术人才工作、生活条件，拓展职业发展空间。注重发挥离退休专业技术人才的作用。

→政策链接

《国家中长期人才发展规划纲要（2010—2020年）》

小贴士

通过学习接受某方面技术知识，具备该专业技术能力的人员称为专业技术人员。其中较为突出的，熟悉相关技术，并具有自主创新能力的，称为专业技术人才。专业技术人员具体包括工程技术人员，农业技术人员，科研人员（自然科学研究、社会科学研究及实验技术人员），卫生技术人员，教学人员（含高等院校、中等专业学校、技工学校、中学、小学），民用航空飞行技术人员，船舶技术人员，经济人员，会计人员，统计人员，翻译人员，图书资料、档案、文博人员，新闻、出版人员，律师，公证人员，广播电视播音人员，工艺美术人员，体育人员，艺术人员及政工人员。截至2014年9月，我国专业技术人才总量已达5550多万人，占我国人才队伍总数的45.6%。近5年新增专业技术人才860万人，博士后研究人员近6万人，留学回国人员105.6万人，取得专业技术职业资格人员945.2万人。两院院士1500多人，国家有突出贡献中青年专家5600多人，享受国务院政府特殊津贴专业16.7万人，国家百千万人才工程人选4500多人。



## 28. 哪些人才是高技能人才?

高技能人才是指具有高超技艺和精湛技能，能够进行创造性劳动并对社会作出贡献的人，主要包括技能劳动者中取得高级技工、技师和高级技师职业资格的人员。高技能人才是我国人才队伍的重要组成部分，是各行各业产业大军的优秀代表，是技术工人队伍的核心骨干，在加快转变经济发展方式、促进产业结构优化升级、提高企业竞争力、推动技术创新和科技成果转化等方面具有重要作用。

这些年来，我国高技能人才工作取得了新进展，高技能人才规模不断扩大，人才培养体系逐步完善。截至2009年年底，高技能人才达到2631万人，比2004年年底增加771万人，增长约40%，高技能人才占技能劳动者总量的比例达24.7%。据预测，2015年和2020年，技能劳动者需求将分别比2009年增加近1900万人和3290万人，其中，高技能人才需求将分别增加约540万人和990万人。

→政策链接

《中共中央办公厅、国务院办公厅印发〈关于进一步加强高技能人才工作的意见〉的通知》

《国家级高技能人才培训基地建设项目实施管理办法（试行）》第二条

小贴士

从2003年全国第一次人才工作会议明确提出高技能人才是国家

人才队伍的重要组成部分，到2010年颁布实施《国家中长期人才发展规划纲要（2010—2020年）》对国家高技能人才振兴计划的部署，再到2011年制定的《高技能人才队伍建设中长期规划（2010—2020年）》明确了未来10年我国高技能人才培养工作的指导思想、目标任务和政策措施，高技能人才队伍建设与发展已经成为关乎我国经济社会发展、产业结构优化升级和提升企业核心竞争力的战略问题。

## 29. 什么是国家高技能人才振兴计划，其主要内容包括哪些？

2011年，我国正式组织实施国家高技能人才振兴计划。国家高技能人才振兴计划以技师、高级技师培训为重点，以提升职业素质和职业技能为核心，旨在培养和造就一批具有精湛技艺、高超技能和较强创新能力的高技能领军人才，引领、带动高技能人才队伍建设和发展。

国家高技能人才振兴计划重点实施三个工作项目：

（1）技师培训项目。适应加快转变经济发展方式、促进产业结构优化升级、发展现代产业体系的需要，充分发挥行业、企业和职业院校作用，加快培养一批具有精湛技艺和掌握新知识、新工艺的技师和高级技师。从2011年到2020年，全国新培养350万名技师、100万名高级技师，使技师和高级技师总量达到1000万人。其中，国家重点支持50万名（每年5万名）经济社会发展急需、紧缺行业（领域）高级技师培训。

（2）高技能人才培训基地建设项目。结合区域经济发展、产业振兴发展规划和新兴战略性产业发展的需要，主要围绕十大振兴产业、新兴战略性产业和经济社会发展急需、紧缺行业（领域），依托具备高技能人才培训能力的职业培训机构和城市公共职业技能实训基地，建设高技能人才培训基地，重点开展高技能人才研修提升培训、高技能人才评价、职业技能竞赛、高技能人才课程研发、高技能人才成果交流等活动。从2011年到2020年，建设1200个高技能人才培训基地，基本形成覆盖重点产业和中心城市的高技能人才培养网络。其中，到2015年年底，国家重点支持400个高技能人才培训基地建设。

（3）技能大师工作室建设项目。发挥高技能领军人才在带徒传技、技能攻关、技艺传承、技能推广等方面的重要作用，鼓励各级政府、行业、企业选拔生产、服务一线的优秀高技能人才，依托其所在单位建设一批技能大师工作室，开展培训、研修、攻关、交流等活动。其中，到2020年年底，国家重点支持1000个左右技能大师工作室建设，基本形成覆盖重点行业、特色行业的技能传承与推广网络。

→政策链接

《中共中央办公厅、国务院办公厅印发〈关于进一步加强高技能人才工作的意见〉的通知》

《关于印发国家高技能人才振兴计划实施方案的通知》

小贴士

实施国家高技能人才振兴计划是一项复杂的系统工程，需要发挥各部门优势，发挥各级地方政府、行业、企业作用，共同做好组织实施工作。国家从加大政府投放，建立健全经费保障机制，充分发挥财政资金的引导性作用；修订《中华人民共和国职业分类大典》，为高技能人才培养、评价等工作提供依据；加快技师、高级技师国家职业技能标准的编制、修订和职业技能鉴定题库的开发；加大高技能人才师资培养力度，提高教师能力水平；加快适用于高技能人才的现代培训技术和特色教材的开发；建立健全高技能人才调查统计制度等方面对计划的实施予以充分保障。

## 30. 技师培训项目主要包括哪些内容?

（1）技师研修培训。鼓励和引导具有高级工以上水平的企业在职职工到高技能人才培训基地或其他具备条件的职业院校和职业培训机构参加研修培训，或通过在企业开展技术攻关、课题研修等多种方式，不断提升职业素质和技能水平，并通过参加考评取得技师职业资格证书。

（2）高级技师研修培训。依托高技能人才培训基地，开展急需、紧缺行业（领域）高级技师集中研修培训。对具有技师职业资格的人员，通过开展典型任务培训、新知识、新技术、新材料、新工艺等方面培训以及组织课题研修攻关等方式，提高他们的专业知识水平、解决生产实际问题能力和革新、创新、创造能力。鼓励其通过参加考评取得高级技师职业资格证书。

→政策链接

《中共中央办公厅、国务院办公厅印发〈关于进一步加强高技能人才工作的意见〉的通知》

《关于印发国家高技能人才振兴计划实施方案的通知》

小贴士

适应发展现代产业体系、加快转变经济发展方式、促进产业结构优化升级的需要，加大高技能人才培训力度，重点是经济社会发展急需、紧缺行业（领域）技师、高级技师培训，2011 年到 2020 年，全国将新增 350 万名技师和 100 万名高级技师，其中，国家重点支持 50 万名（每年 5 万名）急需、紧缺行业（领域）高级技师培训。

## 31. 什么是国家高技能人才培训基地？其功能是什么？

为提升高技能人才培养能力，人力资源和社会保障部、财政部将实施高技能人才培训基地建设项目。根据《国家级高技能人才培训基地建设项目实施管理办法（试行）》第二条规定，所谓高技能人才培训基地建设项目是依据申报条件要求，经各省（区、市）人力资源和社会保障部门、财政部门评审推荐，人力资源和社会保障部、财政部组织专家进行复审确定的培训基地建设项目。

培训基地建设项目要与当地经济发展密切结合，根据区域经济发展、产业振兴发展规划和新兴战略性产业发展需要，主要围绕十大振兴产业、新兴战略性产业和经济社会发展急需、紧缺行业（领域）开展项目实施。培训基地建设项目实施范围原则上是各省（区、市）内以培养中、高级技能人才为主要目标的技工院校、职业培训机构、公共实训基地以及大中型企业技能培训中心。培训基地建设项目实施期限为期两年。

培训基地的主要功能是面向社会各类在职职工、在校后备技能人才及其他有技能提升愿望的劳动者开展技能研修、技能提升培训活动，使之达到高级工、技师或高级技师水平。同时，培训基地还承担高技能人才考核与评价、职业技能竞赛、高技能培训或研修课程开发、高技能成果交流展示等任务。

→政策链接

《中共中央办公厅、国务院办公厅印发〈关于进一步加强高技能人才工作的意见〉的通知》

《关于印发国家高技能人才振兴计划实施方案的通知》

《国家级高技能人才培训基地建设项目实施管理办法（试行）》第二条至第五条

小贴士

按照《国家中长期人才发展规划纲要（2010—2020年）》的要求，中央财政安排专项经费，对每个国家重点支持的高技能人才培训基地建设给予500万元的一次性补贴，主要用于购置技能研修实训设备、完善培训基础设施、聘用指导教师、加强师资培训、开发高技能人才课程以及开展与教学有关的科研活动等。地方政府也要对高技能人才培训基地建设给予专项经费支持。

## 32. 什么是高技能人才评价？

高技能人才评价是指对具有高级技能水平以上的技能人才的考核和职业资格的评定，它既是职业技能鉴定的重要组成部分，也是高技能人才工作的重要环节。2006 年，中办和国办下发了《中共中央办公厅国务院办公厅关于进一步加强高技能人才工作的意见》（中办发〔2006〕15 号）精神，要求进一步加强高技能人才工作。随后，为了完善高技能人才评价体系，进一步做好高技能人才评价工作，原劳动和社会保障部门印发了《关于进一步加强高技能人才评价工作的通知》（劳社部发〔2006〕22 号）对高技能人才评价工作的目标任务和具体措施作出了明确规定。

→政策链接

《中共中央办公厅、国务院办公厅印发〈关于进一步加强高技能人才工作的意见〉的通知》

《关于进一步加强高技能人才评价工作的通知》

小贴士

《关于进一步加强高技能人才评价工作的通知》要求高技能人才评价进一步突破年龄、资历、身份和比例限制，以职业能力为导向，以工作业绩为重点，注重对劳动者职业道德和职业知识水平进行考核和评价。提出了逐步完善社会化职业技能鉴定，推进企业高技能人才评价改革试点，加强对职业院校学生的职业资格认证工作，探索高技能人才专项职业能力考核方式等探索多元评价机制，拓宽高技能人才成长通道的具体举措。

### 33. 什么是技能大师工作室？其主要功能是什么？

为充分发挥高技能领军人才在带徒传技等方面的重要作用，人力资源和社会保障部、财政部实施了技能大师工作室建设项目。《国家级技能大师工作室建设项目实施管理办法（试行）》第二条的规定，技能大师是指某一行业（领域）技能拔尖、技艺精湛并具有较强创新创造能力和社会影响力的高技能人才。技能大师工作室建设项目是依据申报条件要求，经各省（区、市）人力资源社会保障部门、财政部门评审推荐，人力资源和社会保障部、财政部复审确定的技能大师工作室建设项目。

技能大师工作室主要功能包括以下三个方面：

一是带徒传技，通过在生产实践中传、帮、带，加快培养一批青年技术技能骨干。

二是组织重大技术技能革新和技术攻关项目，解决重大技术难题，并将创新成果、绝技绝活、具有特色的生产操作法及时总结推广。

三是承担和参与行业性、区域性技术技能培训、交流、协作和推广活动，推动行业、区域技能人才队伍建设。

国家鼓励各级政府、行业、企业选拔生产、服务一线的优秀高技能人才，依托其所在单位建设一批技能大师工作室，开展培训、研修、攻关、交流等活动，建立较为完善的高技能人才技术技能创新成果和绝技绝活价值实现及代际传承推广机制。其中，到 2020 年年底，完成国家重点支持的 1000 个左右技能大师工作室建设，基本形成覆盖重点行业和特色行业的技能传递与推广网络。中央财政安排专项经费，对每个国家重点支持的技能大师工作室建设给予 10 万元的一次性补贴，主要用于培训用品购置、技能交流推广等费用。

→法条链接

《国家级技能大师工作室建设项目实施管理办法（试行）》第二条至第五条

小贴士

技能大师工作室主要依托中华技能大奖获得者，部分在技能含量较高的行业和大中型企业工作的高技能人才，以及部分掌握传统技能、民间绝技的技能大师建设。技能大师工作室可建在大师所在企业或城市公共职业技能实训基地。可以一个或几个相同（或相近）职业（岗位）的优秀高技能人才为龙头，并配备一批青年技术骨干为助手，建立技能大师工作室。

## 34. 建设技能大师工作室的条件有哪些?

根据《国家级技能大师工作室建设项目实施管理办法（试行）》第六条的规定，技能大师工作室建设项目申报单位应符合以下条件：

（1）技能大师的条件。技能大师应当是某一行业（领域）技能拔尖、技艺精湛并具有较强创新创造能力和社会影响力的高技能人才，在带徒传技方面经验丰富，身体健康，能够承担工作室日常工作。同时，应具备以下条件之一：一是获得中华技能大奖称号；二是获得全国技术能手称号或具有技师以上技能水平，积极开展技术技能革新，取得有一定影响的发明创造，并产生较大的经济效益；三是具有一定的绝技绝活，并在积极挖掘和传承传统工艺上作出较大贡献。

（2）依托企业建立工作室，企业应当具备的条件：有符合条件的技能大师；技能人才比较密集；高度重视技能人才队伍建设工作，建立了较为完善的技能人才培养、评价、选拔、使用和激励政策制度；企业职工教育经费用于高技能人才培养、交流等方面的费用不低于50%，能够为技能大师工作室提供相应的资金支持以及包括场所、设备在内的必要工作条件。

（3）依托公共职业技能实训基地建立技能大师工作室，公共职业技能实训基地应当具备的条件：有符合条件的技能大师；高度重视技能人才队伍建设，制定了一系列加快高技能人才队伍建设的政策措施；能够为技能大师工作室提供相应的资金支持以及包括场所、设备在内的必要的工作条件。

→法条链接

《国家级技能大师工作室建设项目实施管理办法（试行）》第六条

小贴士

各省（自治区、直辖市）、行业按照技能大师工作室条件，结合实际，负责审核确定本地区、本行业技能大师工作室。人力资源和社会保障部会同财政部负责研究制定国家重点支持的技能大师工作室的申报审批程序和管理办法。各省（自治区、直辖市）、行业可分别按照技能大师工作室建设的条件及分配名额进行推荐，并提供必要的申报材料，人力资源社会保障部会同财政部等部门组织有关方面专家对申报材料进行评审，确定并公布国家重点支持的技能大师工作室名单。

## 35. 技能大师工作室应形成哪些项目产出?

《国家级技能大师工作室建设项目实施管理办法（试行）》第十条规定技能大师工作室应形成以下项目产出：

（1）技能大师工作室具备固定的场所和必要的工作条件，定期开展活动。

（2）建立完善的技能大师工作室制度、办法，规范运作。

（3）通过传、帮、带，使技艺技能得到传承，年均为企业或社会培养 8 个以上青年技术技能骨干。

（4）将创新成果、绝技绝活、具有特色的生产操作法及时总结推广。

（5）积极开展技术革新并产生一定的经济效益。

→法条链接

《国家级技能大师工作室建设项目实施管理办法（试行）》第十条至第十二条

小贴士

各省（区、市）人力资源社会保障部门、财政部门负责对技能大师工作室建设项目单位的日常指导和管理，定期对技能大师工作室的建设情况和任务完成情况进行考核和评估，对项目运行存在的问题予以限期整改，并将有关情况及时报送人力资源和社会保障部、财政部。人力资源和社会保障部将会同财政部，定期对技能大师工作室运行情况进行检查，并按照项目产出要求，对技能大师工作室建设项目实施情况进行分阶段评估。

## 36. 院校高技能人才培养工作的目标是什么？

为贯彻落实《中共中央办公厅、国务院办公厅印发〈关于进一步加强高技能人才工作的意见〉的通知》（中办发〔2006〕15 号）精神，推动高级技工学校和技师学院（以下简称院校）加快高技能人才培养工作，原劳动和社会保障部门在 2006 年印发了《关于推动高级技工学校技师学院加快培养高技能人才有关问题的意见》（劳社部发〔2006〕31 号），对高级技工学校和技师学院（简称院校）培养高技能人才做出了具体规定，确定了院校培养的主要目标：

（1）高级技工。主要招收技工学校等中等职业学校毕业生，或具有中级职业资格的人员。学制教育期限一般为 2—3 年。鼓励国家重点技工学校在培养初中级技术工人的同时，积极开展高级技工培训。

（2）预备技师。主要招收已取得高级职业资格证书的职业院校毕业生，学习期限不少于 2 年；部分知识技能型职业，可以招收应届高中毕业生，学习期限不少于 4 年。

（3）技师或高级技师。招收对象主要是企业在职职工中已取得高级职业资格证书，并在生产服务一线有一定实践经验的人员。

→政策链接

《关于推动高级技工学校技师学院加快培养高技能人才有关问题的意见》

小贴士

《意见》提出了建立预备技师培养考核制度和高技能人才校企合作培养制度，健全完善高技能人才校企合作培养模式，统筹发展技师学院，制定激励政策等具体措施，来推动高级技工学校和技师学院加快高技能人才培养工作。

## 37. 什么是预备技师培养考核制度？

预备技师培养考核制度是以培养企业急需新技师为目标，以校企合作为纽带，以分阶段培训和考核为特征的新型高技能人才培养制度。从

2006年9月开始，各地在读和新招收各类技师专业学制学生，原则上实行预备技师培养考核制度（2005年招收的具有高级职业资格的技师专业学生，按规定经过企业综合评审和业绩考核合格后，可发放技师职业资格证书）。对直接发放技师职业资格证书的部分知识技能型的专业，须由省级劳动保障部门组织专家评审论证后，报我部审核批准。劳动保障部高技能培训联合委员会成员单位应率先开展预备技师培养考核工作。

预备技师考核由各地劳动保障部门依照技师国家职业标准要求，组织毕业生进行理论知识考试和操作技能考核，对考试合格者，颁发预备技师证书。预备技师证书由劳动保障部统一样式和编号并提供查询服务。

→政策链接

《关于推动高级技工学校技师学院加快培养高技能人才有关问题的意见》

小贴士

预备技师证书自颁发之日起有效期为5年。预备技师在相应职业岗位工作满2年后（工作业绩突出的可适当缩短），可申报参加技师综合评审和业绩评定。合格者按规定核发技师国家职业资格（二级）证书。

## 38. 什么是农村实用人才，农村实用人才队伍建设的目标是什么？

农村实用人才，指的是具有一定知识和技能，为农村经济和科技、教育、文化、卫生等各项事业发展提供服务、作出贡献、起到示范和带头作用的农村劳动者。包括农村种植养殖能手、加工和捕捞能手、农村经纪人、各类能工巧匠和科技带头人等。农村实用人才主要来源于三类产业：第一类产业：种植、养殖加工人才。第二类产业：企业经营主、合同制厂长或车间主任、农民经济合作社带头人。第三类产业：经纪人、物流人才。

我国农村实用人才队伍建设的发展目标是：围绕社会主义新农村建设，以提高科技素质、职业技能和经营能力为核心，以农村实用人才带头人和农村生产经营型人才为重点，着力打造服务农村经济社会发展、数量充足的农村实用人才队伍。到 2015 年，农村实用人才总量达到 1300 万人。到 2020 年，农村实用人才总量达到 1800 万人，平均受教育年限达到 10.2 年，每个行政村主要特色产业至少有 1—2 名示范带动能力强的带头人。

→法条链接

《劳动法》第八章

小贴士

农村实用人才队伍建设的主要举措包括：大规模开展农村实用人才培训，充分发挥农村现代远程教育网络、全国文化信息资源共享工程网络、各类农民教育培训项目、农业技术推广体系、各类职业学校和培训机构的主渠道作用。整合现有培训项目，健全县域职业教育培训网络，推进农村实用人才带头人素质提升计划和新农村实用人才培训工程，重点实施现代农业人才支撑计划。鼓励和支持农村实用人才带头人牵头建立专业合作组织和专业技术协会，加快培养农业产业化发展急需的企业经营管理人员、农民专业合作组织带头人和农村经纪人。积极扶持农村实用人才创业兴业，在创业培训、项目审批、信贷发放、土地使用等方面给予政策支持。因地制宜，建立健全农村实用人才评价制度。加大对农村实用人才的表彰激励和宣传力度，提高农村实用人才社会地位。加大公共财政对农村发展急需的农业技术人员、教师、医生等方面人才培养的支持力度。继续开展城乡人才对口扶持，推进万名医师支援农村卫生、城镇教师支援农村教育、社会工作者服务社会主义新农村建设、科技人才下乡支农等工作。

## 39. 什么是“百千万人才工程”，选拔“工程”国家级人选应当具备哪些条件?

“百千万人才工程”是根据国家科技发展规划和经济社会发展需要制定的，旨在加强中国跨世纪优秀青年人才培养的一项重大举措。1994年7月由国家人事部提出，1995年年底由人事部、科技部、教育部、财政部、国家计委、中国科协、国家自然科学基金委员会七个部门联合在全国范围内组织实施。

“百千万人才工程”面向各类企事业单位专业技术人员选拔。选拔工作围绕国家中长期人才发展规划纲要和国家中长期科学技术发展规划纲要确定的经济社会发展重点领域，向引导基础理论原始创新、推动基础学科创新发展的中青年领军人才倾斜。选拔国家级人选的条件是：

（1）热爱祖国，遵纪守法，坚持科学精神，恪守职业道德，潜心一线科研工作，具有副高级以上专业技术职称，年龄在50周岁以下（含50周岁）；

（2）学术技术水平处于国内领先地位，具有创新思维，能够敏锐把握国家战略需求和世界科技发展态势，提出战略性、前瞻性、创造性的研究构想，能够引领原创性重大理论与实践问题的研究和关键领域攻关；

（3）潜心基础研究，揭示自然规律和社会发展规律，为社会提供新知识、新原理、新方法，引导基础理论原始创新，对基础学科发展具有重要推动作用；

（4）具有承担基础研究课题、重点科研任务等经历，具有良好的沟通协调能力和组织管理能力，能有效组织并领导创新团队攻克学术技术难关。

同等条件下，以下人选可优先入选：一是国家自然科学二等奖、国家发明二等奖、国家科技进步二等奖以上及中国青年科技奖等国家级科技奖励获得者；二是国家杰出青年科学基金、长江学者奖励计划、中科院百人计划等国家重大人才工程入选者等；三是国家自然科学基金、国家社会科学基金等国家重点资助项目、科研课题主要负责人，国家重大科研任务、科技计划和工程项目等主要负责人。

→政策链接

《国家中长期人才发展规划纲要（2010—2020年）》

《专业技术人才队伍建设中长期规划（2010—2020年）》

《国家高层次人才特殊支持计划》

《新世纪百千万人才工程实施方案》

小贴士

"工程"国家级人选的推荐和选拔需要经过个人申报、组织推荐、专家评议、公布入选名单等程序。作出突出贡献的"工程"国家级人选，可优先纳入全国杰出专业技术人才、中国青年科技奖获得者等国家科学技术和人才奖励选拔推荐。"工程"国家级人选可按规定享受国务院政府特殊津贴，授予"国家有突出贡献中青年专家"称号。

## 40. 什么是专业技术人才知识更新工程？

2011年，人力资源和社会保障部、财政部、科学技术部、教育部、中国科学院印发了《专业技术人才知识更新工程实施方案》，开始实施专业技术人才知识更新工程。其目的是更好实施人才强国战略，加快建设人才强国，推动专业技术人才队伍建设，促进专业技术人才能力素质提升。

专业技术人才知识更新工程（以下简称"工程"）的目标任务是：围绕我国经济结构调整、高新技术产业发展和自主创新能力的提高，在装备制造、信息、生物技术、新材料、海洋、金融财会、生态环境保护、能源资源、防灾减灾、现代交通运输、农业科技、社会工作12个重点领域，开展大规模的知识更新继续教育，每年培训100万名高层次、急需紧缺和骨干专业技术人才；依托高等院校、科研院所、大型企业现有施教机构，建设一批国家级专业技术人员继续教育基地。

"工程"采取分阶段、分步骤、动态调整的方式组织实施。2011年，研究制定《专业技术人才知识更新工程实施方案》，启动"工程"实施工作；2011—2015年，逐步落实"工程"各项工作，大规模开展专业技术人才培养培训活动，推动制度改革和机制创新；2016—2020 年，全面开展“工程”各项工作，进行中期检查评估，巩固成果，加强薄弱环节，适时调整重点方向，力争在制度建设、机制创新上有较大突破；2020 年，对“工程”实施情况进行全面总结和评估。

→政策链接

《关于印发专业技术人才知识更新工程实施方案的通知》

《关于印发专业技术人才知识更新工程高级研修项目管理的办法的通知》

小贴士

“工程”在中央人才工作协调小组领导下，由人力资源和社会保障部会同财政部、科技部、教育部、中科院等部门，成立全国专业技术人才知识更新工程指导协调小组（简称全国指导协调小组）。全国指导协调小组下设专家指导委员会和办公室，办公室设在人力资源和社会保障部专业技术人员管理司。各省（自治区、直辖市）由人力资和源社会保障厅（局）会同有关部门成立相应的指导协调小组，有关重点领域行业主管部门根据工作需要也可成立指导协调小组。

## 41. 专业技术人才知识更新工程包括哪些重点项目?

专业技术人才知识更新工程的重点项目包括以下方面：

（1）高级研修项目。按照高水平、小规模、重特色的要求，为高层次人才创造一流的进修和交流环境。每年举办 200 期左右国家级高级研修班，培养 1 万名左右高层次人才，建设一支素质优良、创新能力强、具有较强竞争力的专业技术人才队伍。

（2）急需紧缺人才培养培训项目。在 12 个重点领域和现代物流、电子商务、法律、咨询、会计、工业设计、知识产权、食品安全、旅游 9 个现代服务业领域，以更新知识、掌握先进技术、提升专业技术水平为主要内容，实施短期培训项目，培养培训急需紧缺人才。全国每年培训 80 万名。

（3）岗位培训项目。针对有关重点领域具有中高级职称的骨干专业技术人才职业发展和工作需要，以专项培训、综合培训、集中授课、在线学习、专题研修等多种方式，分类组织开展人才理念更新、知识更新拓展、科学精神和职业道德养成、实践能力提升、团队合作、技术适应、创新创业等能力提升训练，重在完善知识结构，增强综合素质，提升岗位适应、职业发展能力。全国每年培训 19 万人。

（4）国家级专业技术人员继续教育基地建设项目。确定 200 家左右的国家级专业技术人员继续教育基地。依托高等院校、科研院所、大型企业现有施教机构，根据工程培养培训任务要求，分期分批推动基地建设。推进培训项目、专家师资、教材资源、数据库开发、施教机构和研究课题等建设。加强在线学习平台建设，促进专业技术人才培养培训国际交流。

→政策链接

《关于印发专业技术人才知识更新工程实施方案的通知》

《关于印发专业技术人才知识更新工程高级研修项目管理的办法的通知》

小贴士

“工程”实施实行统一领导、分工负责、分类指导、分级组织的原则，采取年度项目计划管理的方式进行。“工程”经费主要由政府、社会、用人单位和个人投入等构成。政府经费主要发挥对“工程”经费投入的支持和引导作用，按照分税制财政体制要求，各级政府承担的工程项目任务，由同级财政予以保障；各部门承担的具体工程项目任务，按照部门预算管理规定，向同级财政申请经费支持。

# 四、职业技能鉴定那点事儿

## 42. 什么是职业技能鉴定？

职业技能鉴定是指对劳动者进行技术等级的考核和技师、高级技师（以下统称技师）资格的考评。它是由考试考核机构对劳动者从事某种职业所应掌握的技术理论知识和实际操作能力作出客观的测量和评价。职业技能鉴定是国家职业资格证书制度的重要组成部分。

个人可自主申请参加职业技能鉴定。申报职业技能鉴定，首先要根据所申报职业的资格条件，确定自己申报鉴定的等级。如果需要培训，要到经政府有关部门批准的培训机构参加培训。职业技能鉴定分为知识要求考试和操作技能考核两部分。知识要求考试一般采用笔试，技能要求考核一般采用现场操作加工典型工件、生产作业项目、模拟操作等方式进行。经鉴定合格者，由劳动保障部门核发相应的职业资格证书。

→政策链接

《国务院关于加强职业培训促进就业的意见》

《高技能人才队伍建设中长期规划（2010—2020 年）》

《关于做好“十二五”期间职业技能鉴定工作的意见》

小贴士

做好职业技能鉴定工作是促进就业和经济发展的重要举措。职业技能鉴定工作是职业能力建设工作的重要组成部分，是技能人才队伍建设的重要环节，对职业教育培训起着重要的推动和促进作用。鉴定引导培训，培训提升素质，素质决定就业质量。加强职业技能鉴定，健全技能人才评价体系，推动职业资格证书制度发展，是贯彻落实人才强国战略，加快技能人才队伍建设，建设人力资源强国的重要任务；是实施就业优先战略，促进技能劳动者就业和稳定就业的基本措施；是适应经济发展方式转变，加快产业结构调整，提高企业自主创新能力和核心竞争力的必然要求；是推进城乡统筹发展，加快工业化和城镇化进程的有效手段。

## 43. “十二五”期间的职业技能鉴定工作任务是什么？

“十二五”期间，职业技能鉴定工作的主要任务是：加强顶层设计，完善政策法规，创新工作思路，夯实工作基础，推动职业资格证书制度科学规范发展，为促进就业和经济社会发展提供有力的技能人才支持。到2015年，力争使9000万人次接受职业技能鉴定服务，7000万名技能劳动者取得职业资格证书，高级工以上的高技能人才达到3400万人（高级技师140万人、技师630万人、高级工2630万人）。同时，修订完成《中华人民共和国职业分类大典》，建成科学规范的职业分类体系。大力开发职业技能标准，形成结构较为完整、覆盖经济社会发展所需主要职业的技能标准体系。加快鉴定题库建设，构建100个精品职业技能鉴定国家题库。做好100个国有大型企业的技能人才评价工作，培育1000个国家级示范性职业技能鉴定所（站），培养1万名优秀职业技能鉴定考评人员。

→政策链接

《国务院关于加强职业培训促进就业的意见》

《高技能人才队伍建设中长期规划（2010—2020年）》

《关于做好“十二五”期间职业技能鉴定工作的意见》

小贴士

2012年4月26日，人力资源和社会保障部办公厅印发了《关于做好“十二五”期间职业技能鉴定工作的意见》，对做好“十二五”

期间职业技能鉴定工作提出了具体措施。具体包括完善技能人才多元评价体系，建立质量保证长效机制，积极做好国内国际职业技能竞赛工作，加强基础建设为鉴定工作提供可靠的技术支撑四个方面。

## 44. 申报职业技能鉴定需要具备什么条件？

参加不同级别鉴定的人员，其申报条件不尽相同，考生要根据鉴定公告的要求，确定申报的级别。一般来讲，不同等级的申报条件为：参加初级鉴定的人员必须是学徒期满的在职职工或职业学校的毕业生；参加中级鉴定的人员必须是取得初级技能证书并连续工作 5 年以上，或是经劳动行政部门审定的以中级技能为培养目标的技工学校以及其他学校毕业生；参加高级鉴定人员必须是取得中级技能证书 5 年以上、连续从事本职业（工种）生产作业可少于 10 年，或是经过正规的高级技工培训并取得了结业证书的人员；参加技师鉴定的人员必须是取得高级技能证书，具有丰富的生产实践经验和操作技能特长、能解决本工种关键操作技术和生产工艺难题，具有传授技艺能力和培养中级技能人员能力的人员；参加高级技师鉴定的人员必须是任技师 3 年以上，具有高超精湛技艺和综合操作技能，能解决本工种专业高难度生产工艺问题，在技术改造、技术革新以及排除事故隐患等方面有显著成绩，而且具有培养高级工、组织带领技师进行技术革新和技术攻关能力的人员。

→政策链接

《国务院关于加强职业培训促进就业的意见》

《高技能人才队伍建设中长期规划（2010—2020 年）》

《关于做好“十二五”期间职业技能鉴定工作的意见》

小贴士

申报职业技能鉴定，首先要根据所申报职业的资格条件，确定自己申报鉴定的等级。如果需要培训，要到经政府有关部门批准的培训机构参加培训。申报职业资格鉴定时要准备好照片、身份证以及证明自己资历的材料，参加正规培训的须有培训机构证明，工作年限须有本人所在单位证明，经鉴定机构审查符合要求的，由鉴定所（站）颁发准考证。参加考试时必须携带准考证，否则不能参加考试。

## 45. 如何报名申请职业技能鉴定?

申请职业技能鉴定的人员，可向当地职业技能鉴定所（站）提出申请，填写职业技能鉴定申请表。报名时应出示本人身份证、培训毕（结）业证书、《技术等级证书》或工作单位劳资部门出具的工作年限证明等。申报技师、高级技师任职资格的人员，还须出具本人的技术成果和工作业绩证明，并提交本人的技术总结和论文资料等。

→政策链接

《国务院关于加强职业培训促进就业的意见》

《高技能人才队伍建设中长期规划（2010—2020年）》

《关于做好“十二五”期间职业技能鉴定工作的意见》

小贴士

职业技能鉴定的实施步骤分为四大步骤，分别是：鉴定前的组织准备、鉴定前的技术准备、鉴定实测、鉴定后的结果处理。

## 46. 职业技能鉴定的主要内容是什么?

国家实施职业技能鉴定的主要内容包括职业知识、操作技能和职业道德三个方面。这些内容是依据国家职业（技能）标准、职业技能鉴定规范（即考试大纲）和相应教材来确定的，并通过编制试卷来进行鉴定考核。

→政策链接

《国务院关于加强职业培训促进就业的意见》

《高技能人才队伍建设中长期规划（2010—2020年）》

《关于做好“十二五”期间职业技能鉴定工作的意见》

小贴士

职业技能鉴定分为知识要求考试和操作技能考核两部分。知识要求考试一般采用笔试，技能要求考核一般采用现场操作加工典型工件、生产作业项目、模拟操作等方式进行。计分一般采用百分制，两部分成绩都在60分以上为合格，80分以上为良好，95分以上为优秀。

## 47. 什么是职业技能鉴定所（站）？

职业技能鉴定所（站）是经劳动保障行政部门批准设立的实施职业技能鉴定的场所，它是职业技能鉴定的基层组织，承担规定范围内的职业技能鉴定活动。具体工作任务包括：（1）受理职业技能鉴定的申请，对申报人的资格条件进行审查，经鉴定指导中心核准后，签发准考证；（2）组织申报人员按规定的时间、地点和方式进行考核或考评；（3）协调鉴定过程中的有关事务；（4）汇总鉴定成绩，并负责报送鉴定指导中心；（5）向鉴定指导中心提供鉴定报告，对考评小组的工作提出评价意见；（6）协助鉴定指导中心办理证书手续，并负责向鉴定合格者发放职业资格证书。（7）负责鉴定的咨询服务和信息统计等工作。

→政策链接

《国务院关于加强职业培训促进就业的意见》

《高技能人才队伍建设中长期规划（2010—2020年）》

《关于做好“十二五”期间职业技能鉴定工作的意见》

小贴士

职业技能鉴定是面向广大劳动者和用人单位的一项社会公益性事

业。为了保证职业技能鉴定质量，树立职业资格证书的权威性，各级职业技能鉴定管理部门建立了举报制度，设立监督电话，鼓励和支持社会各方面对乱办班、乱考核、乱发证以及各种违反考务纪律的行为进行检举。劳动者一旦发现职业技能鉴定工作中的违纪现象，可以直接到当地劳动保障行政部门或职业技能鉴定指导中心投诉，由劳动保障部门按有关规定进行查处。

## 48. 国家对农村劳动力技能鉴定工作有何要求？

2006 年，原劳动社会保障部办公厅印发了《关于做好农村劳动力培训考核鉴定工作的通知》。《通知》提出，对参加培训并有鉴定要求的农村劳动力，各级职业技能鉴定机构要及时提供方便、快捷的服务，要根据农村劳动者参加职业培训的实际情况，组织实施职业技能鉴定或专项职业能力考核，力争使 80% 以上接受培训的农村劳动力获得相应的职业资格证书或专项职业能力证书。

各地组织农村劳动力参加职业技能鉴定或专项职业能力考核，可参照国家人力资源和社会保障部确定的《适合农村劳动力就业的部分职业和技能岗位目录》进行。对职业技能鉴定合格者，由当地劳动保障部门按规定颁发职业资格证书。组织专项职业能力考核，应按照《专项职业能力考核规范编写要求》，制定专项职业技能考核规范，报国家人社部备案和统一公布后，由省级职业技能鉴定中心自主命题，并依托职业技能鉴定所进行。确需在工作现场考核的，可根据企业要求，由省级职业技能鉴定中心统一安排，并按规定派遣考评人员和质量督导人员，确保考核质量。

→政策链接

《关于做好农村劳动力培训考核鉴定工作的通知》

小贴士

对专项职业能力考核合格者，由当地人力资源社会保障部门免费颁发专项职业能力证书。专项职业能力证书由人社部制定统一式样和编号办法，自颁发之日起有效期为 5 年。各地印制和颁发专项职业能力证书，须在人力资源社会保障部门备案。

## 49. 什么是国家职业资格全国统一鉴定？

为规范国家职业资格全国统一鉴定工作，劳动和社会保障部门在 2006 年 1 月 4 日制定发布了《国家职业资格全国统一鉴定工作规程（试行）》。根据《规程》，国家职业资格全国统一鉴定又称全国统考工作，是指经批准，按照统一标准、统一试卷、统一考务管理和统一证书核发的原则，在规定的时间对部分职业组织实施的职业技能鉴定工作。对已经开展全国统考的职业，地方不得单独组织鉴定。

→政策链接

《关于印发国家职业资格全国统一鉴定工作规程（试行）的通知》

小贴士

当前，全国职业资格统考工作由人力资源和社会保障部培训就业司负责全国统考工作的政策制定和监督检查，职业技能鉴定中心（以下简称部鉴定中心）负责统筹协调和组织实施。人力资源和社会保障部每年年初向社会统一公布全国统考的职业、等级、时间安排以及考试方案。全国统考的试题由部鉴定中心依据国家职业标准统一命制。全国统考的考试资料由部鉴定中心统一印刷、制作并配发。考生的考试资料由省级鉴定中心保存一年。全国统考的阅卷评分工作，由部鉴定中心统一组织。受部鉴定中心委托，省级鉴定中心负责组织本地区全国统考的阅卷评分工作。

## 50. 实行全国统一鉴定的职业有哪些？

目前，企业人力资源管理师、物流师、心理咨询师、电子商务师、理财规划师、项目管理师、企业信息管理师、企业培训师、秘书、网络编辑员（二级）、营销师、职业指导人员12个职业实行全国统一鉴定。

→政策链接

《关于印发国家职业资格全国统一鉴定工作规程（试行）的通知》

《关于做好2014年国家职业资格全国统一鉴定工作的通知》

小贴士

组织开展企业人力资源管理师、物流师、项目管理师、企业信息管理师、企业培训师、理财规划师6个职业国家职业资格一级全国统一鉴定的地区，须先向人力资源和社会保障部提出申请，经人力资源和社会保障部组织专家审核同意后方可开展。

## 51. 什么是国家职业资格统一鉴定日？

从2007年开始，在全国范围内试行国家职业资格统一鉴定日（以下简称"统考日"）制度，在每年3月、5月、7月、9月和11月第三周的星期五、星期六和星期日3天内，集中组织统考活动。在"统考日"期间，各省、自治区、直辖市劳动保障部门在组织安排全国统一鉴定的同时，可结合实际选择其他职业组织本地区鉴定工作。

各地要按照人力资源和社会保障部的统一部署和《国家职业资格全国统一鉴定工作规程（试行）》要求，在规定日期组织实施全国统一鉴定工作。未经批准，不得擅自组织开展已列为全国统一鉴定职业的鉴定工作。各地在规定的鉴定范围内选择其他职业组织本地区统一鉴定工作，应集中安排在3月、7月、9月的"统考日"及5月16日、11月21日进行，并填写《国家职业资格统一鉴定日工作安排表》，报人力资源和社会保障部职业技能鉴定中心备案。如确需增加统一鉴定日期的，应报人力资源和社会保障部备案。

→政策链接

《关于印发国家职业资格全国统一鉴定工作规程（试行）的通知》

《关于做好2014年国家职业资格全国统一鉴定工作的通知》

小贴士

2014年在全国范围内继续试行国家职业资格统一鉴定日（以下简称“统考日”）制度。“统考日”具体日期是3月21、22、23日，5月16、17、18日，7月18、19、20日，9月19、20、21日，11月21、22、23日。人力资源和社会保障部组织的全国统一鉴定日期是5月17、18日和11月22、23日。



## 52. 什么是企业技能人才评价，其评价范围和对象是什么？

企业技能人才评价是指企业依据国家职业标准，结合企业生产（经营）实际，采用贴近生产需要、贴近岗位要求、贴近职工素质提高的考核方式，对职工技能水平进行的客观、科学、公正的评价，其目的是使企业技能人才结构更加合理，高技能人才更快成长，并带动各等级技能劳动者队伍的梯次发展。企业技能人才评价既是职业技能鉴定的重要组成部分，也是高技能人才工作的重要环节。

企业技能人才评价包括技师、高级技师考评和初级、中级、高级技能鉴定，重点是高级工以上的高技能人才。职业（工种）范围主要是在《中华人民共和国职业分类大典》范围内（不包括全国统考职业），企业生产一线的主体技术性的职业（工种）。其中未颁布国家职业标准属企业特殊性的职业（工种），经人力资源和社会保障部批准，可纳入评价范围。评价对象为与企业签订劳动合同的职工。

→政策链接

《关于印发〈推进企业技能人才评价工作指导意见〉的通知》

小贴士

人力资源和社会保障部在2008年开展了企业技能人才评价试点企业的推选工作。在全国选择了100家管理规范、技能人才密集且培养成效显著、鉴定工作基础好的国有大中型企业开展技能人才评价试点工作。各地、各行业分别选择省（市）属国有大中型企业和行业龙头企业，指导开展技能人才评价试点工作。企业技能人才评价具体工作由试点企业负责组织实施。

## 53. 企业技能人才评价的评价方式和内容是怎样的？

企业技能人才评价要以职业能力考核和工作业绩评定为重点，同时注重职业道德评价和理论知识考试。

（1）职业能力考核。重点考核技能人员执行操作规程、解决生产问题和完成工作任务等方面的实际工作能力。可结合试点企业生产（经营）实际，在工作现场、生产过程中，采取典型工件加工、作业项目评定、现场答辩、情景模拟等方式进行考核。由试点企业向职业技能鉴定指导中心提出申请，从国家题库中抽取相应职业（工种）的实际操作试题，并可结合岗位实际对试题内容进行调整；尚未开发国家题库的，由职业技能鉴定指导中心与试点企业组织专家依据国家职业标准，结合岗位实际要求共同命制。

（2）工作业绩评定。重点评定技能人员在工作中取得的业绩和成果，以及工作效率和完成产品质量的情况。技师、高级技师还包括完成的主要工作项目、现场解决技术问题情况，技术改造和革新等方面情况，以及传授技艺培养指导徒弟等方面的成绩。工作业绩成果材料应在企业内进行公示。

（3）职业道德评价。重点评价技能人员遵守国家法律法规和企业规章制度、工作责任心和积极性、岗位之间团结协作的能力，可采用上级评价和班组评议相结合的方式进行。

（4）理论知识考试。重点考核本职业及本岗位相关的必备职业知识。由试点企业会同职业技能鉴定指导中心组织实施。理论试题可从国家题库中抽题组卷，对不符合企业实际的试题可按要求进行适当调整；尚未开发国家题库的，由职业技能鉴定指导中心与试点企业组织专家依据国家职业标准，按照《职业技能鉴定命题技术标准（试行）》要求共同命制。考试方式以闭卷笔试为主。

→政策链接

《关于印发〈推进企业技能人才评价工作指导意见〉的通知》

小贴士

职业能力考核、工作业绩评定、职业道德评价和理论知识考试均实行百分制，成绩全部达到60分及以上者为合格。各地、各行业可根据企业的生产特点，提高标准或对四个模块设定权数确定合格标准。可对少数职业能力考核成绩和工作业绩评定结果特别优异者采取直接认定方式。对掌握高超技能，并在国家级、省级技能竞赛中获得主要名次的优秀人才，可破格或越级参加技师、高级技师考评。

# 五、职业资格有大用

## 54. 什么是职业资格制度?

职业资格是劳动者在其职业生涯中进行自我实现持续的社会活动中，所追求达到的更为专业化的标志。职业资格制度是按照国家制定的相关法规，在必要设置的行业中建立资格标准，以一定的程序和方式评价与规范社会从业成员达到从事某种职业活动所具备的基本条件的社会活动体系。这个制度内部包括：准入类职业资格和职业水平评价类职业资格。职业资格制度就其总的制度包括主要以考试方式对专业技术人员和以技能鉴定方式对各个职业工种技能人员的职业资格认证活动，还包括以学历认定、专家评估等办法进行的其他认证形式。

目前我国的职业资格分为两类：一类是准入类职业资格，另一类是水平评价类职业资格。准入类职业资格具有行政许可性质，国家根据有关法律、行政法规和国务院决定设置；水平评价类职业资格不具有行政许可性质，是面向社会提供的人才评价服务。国务院办公厅《关于清理规范各类职业资格相关活动的通知》（国办发〔2007〕73号）要求，职业资格必须在职业分类的基础上统一规划、规范设置。

（1）对涉及公共安全、人身健康、人民生命财产安全等特定职业（工种），国家依据有关法律、行政法规或国务院决定设置行政许可类职业资格。

（2）对社会通用性强、专业性强、技能要求高的职业（工种），根据经济社会发展需要，由国务院人事、劳动保障部门会同国务院有关主管部门制定职业标准，建立能力水平评价制度（非行政许可类职业资格）。

（3）对重复交叉设置的职业资格，逐步进行归并。

（4）对涉及在我国境内开展的境外各类职业资格相关活动，由国务院人事、劳动保障部门会同有关部门制定专门管理办法，报国务院批准。

→政策链接

《关于清理规范各类职业资格相关活动的通知》

小贴士

以1990年开始实施的专业技术资格考试为标志的专业技术人员资格制度算起，目前我国专业技术人员职业资格制度从制度的准备、建立、实施到规范发展已经经历了20多年的时间。若以1994年7月《劳动法》首度明确“国家实行职业资格证书制度”以及原劳动部与人事部共同下发《职业资格证书规定》逐步实施，到2007年底国务院办公厅下发了《关于清理规范各类职业资格相关活动的通知》后逐步对不规范的职业资格状况进行清理规范，我国职业资格则走过20个年的历程。



## 55. 什么是就业准入制度？

就业准入是指根据《劳动法》和《职业教育法》的有关规定，对从事技术复杂、通用性广，涉及国家财产、人民生命安全和消费者利益的职业（工种）的劳动者，必须经过培训，并取得职业资格证书后，方可就业上岗。《招用技术工种从业人员规定》第二条规定，国家实行先培训后上岗的就业制度。用人单位招用从事技术复杂以及涉及国家财产、人民生命安全和消费者利益工种（职业）（以下简称技术工种）的劳动者，必须从取得相应职业资格证书的人员中录用。

（1）技工学校、职业（技术）学校、就业训练中心及各类职业培训机构的毕（结）业生，必须取得相应职业资格证书后，才能到技术工种岗位就业。

（2）对从事技术工种的学徒，用人单位应按照《中华人民共和国工种分类目录》所规定的学徒期进行培训。

(3) 对转岗从事技术工种的劳动者，用人单位应按照国家职业（技能）标准的要求进行培训，达到相应职业技能要求后再上岗。

(4) 用人单位因特殊需要招用技术性较强，但当地培训机构尚未开展培训的技术工种人员，经劳动保障行政部门批准后，可先招收再培训，达到相应职业技能要求后再上岗。

(5) 用人单位安排国家政策性安置人员从事技术工种工作的，应当先组织培训，达到相应工种（职业）技能要求后上岗。

→法条链接

《招用技术工种从业人员规定》第二条、第四条

小贴士

《招用技术工种从业人员规定》（劳社部令6号）的规范对象主要是初次就业的劳动者。根据《规定》的要求，今后凡初次就业的劳动者，包括城镇初高中应届毕业生、待业人员以及农村从事非农产业或进城务工人员，只要从事国家规定的技术工种（职业）工作的，必须取得相应的职业资格证书，方可就业上岗。



## 56. 国家规定实行就业准入的职业有哪些？

根据《招用技术工种从业人员规定》，技术工种范围由劳动和社会保障部确定。省、自治区、直辖市劳动保障行政部门和国务院有关部门劳动保障工作机构根据实际需要，经劳动和社会保障部批准，可增加技术工种的范围。近年来，人力资源和社会保障部依据《中华人民共和国职业分类大典》确定了80多种需要持职业资格证书就业的工种（职业）目录。

(1) 生产、运输设备操作人员。车工、铣工、磨工、镗工、组合机床操作工、加工中心操作工、铸造工、锻造工、焊工、金属热处理工、冷作钣金工、涂装工、装配钳工、工具钳工、锅炉设备装配工、

电机装配工、高低压电器装配工、电子仪器仪表装配工、电工仪器仪表装配工、机修钳工、汽车修理工、摩托车维修工、精密仪器仪表修理工、锅炉设备安装工、变电设备安装工、维修电工、计算机维修工、手工木工、精细木工、音响调音员、贵金属首饰手工制作工、土石方机械操作工、砌筑工、混凝土工、钢筋工、架子工、防水工、装饰装修工、电气设备安装工、管工、汽车驾驶员、起重装卸机械操作工、化学检验工、食品检验工、纺织纤维检验工、贵金属首饰钻石宝玉石检验员、防腐蚀工。

（2）农林牧渔水利业生产人员。动物疫病防治员、动物检疫检验员、沼气生产工。

（3）商业、服务业人员。营业员、推销员、出版物发行员、中药购销员、鉴定估价师、医药商品购销员、中药调剂员、冷藏工、中式烹调师、中式面点师、西式烹调师、西式面点师、调酒师、营养配餐员、餐厅服务员、前厅服务员、客房服务员、保健按摩师、职业指导员、物业管理员、锅炉操作工、美容师、美发师、摄影师、眼镜验光员、眼镜定配工、家用电子产品维修工、家用电器产品维修工、照相器材维修工、钟表维修工、办公设备维修工、保育员、家政服务员、养老护理员。

（4）办事人员和有关人员。秘书、公关员、计算机操作员、制图员、话务员、用户通信终端维修员。

→政策链接

《关于印发〈实行就业准入的职业目录〉及有关问题的通知》

小贴士

为推行职业资格证书制度，原劳动部曾经分别于1995年和1996年分两批颁布了劳动者就业上岗前必须培训的技术工种目录。1999年，原劳动和社会保障部门发布了《实行就业准入的职业目录》，对全国范围内66个技术性较强、服务质量要求较高和覆盖面广、流动性大的职业实行就业准入，要求劳动者必须经过相应的培训，取得职业资格证书后就业上岗。2000年3月2日颁布的《招用技术工种从业人员规定》，确定的90个需要持职业资格证书就业的工种或职业。人社部专业技术人员管理司负责人透露，据不完全掌握，到2013年年底准入类的职业资格有84项，但没有说明相对应的最新目录。另外，在行政审批制度改革中，国务院在2014年取消了一批准入类职业资格。

## 57. 就业准入对职业介绍机构、用人单位和劳动者本人分别有什么要求？

（1）职业介绍机构要在显著位置公告实行就业准入的职业范围；各地印制的求职登记表中要有登记职业资格证书的栏目；用人单位招聘广告栏中也应有相应职业资格要求。职业介绍机构的工作人员在工作过程中，对国家规定实行就业准入的职业，应要求求职者出示职业资格证书并进行查验，凭证推荐就业；用人单位要凭证招聘用工。

（2）从事就业准入职业的新生劳动力，就业前必须经过一到三年的职业培训，并取得职业资格证书；对招收未取得相应职业资格证书人员的用人单位，劳动监察机构应依法查处，并责令其改正；对从事个体工商经营的人员，要取得职业资格证书后工商部门才办理开业手续。

→政策链接

《关于印发〈实行就业准入的职业目录〉及有关问题的通知》

小贴士

对于不属于上述范围的高科技和技术密集型行业的特有职业（工种），由用人单位在实际工作中继续按职业资格的要求实行严格的就业准入。全国实行就业准入的职业范围，将根据生产技术进步和职业的变化，实行动态管理，每四年调整一次。各省、自治区、直辖市劳动保障行政部门和国务院有关部门劳动保障工作机构，可结合实际情况，在国家规定实行就业准入的职业范围基础上，适当增加实行就业准入的职业。

## 58. 什么是职业资格证书制度?

职业资格证书是通过政府认定的考核鉴定机构，按照国家规定的职业技能标准或任职资格条件，对劳动者的技能水平或职业资格进行客观公正、科学规范的评价和鉴定的结果，是劳动者具备某种职业所需要的专门知识和技能的证明，是劳动者求职、任职、开业的资格凭证，是用人单位招聘、录用劳动者的主要依据，也是境外就业、对外劳务合作人员办理技能水平公证的有效证件。

职业资格证书制度是劳动就业制度的一项重要内容。它是指按照国家制定的职业技能标准或任职资格条件，通过政府认定的考核鉴定机构，对劳动者的技能水平或职业资格进行客观公正、科学规范的评价和鉴定，对合格者授予相应的国家职业资格证书。我国从 1994 年开始推行职业资格证书制度。《劳动法》第六十九条规定：“国家确定职业分类，对规定的职业制定职业技能标准，实行职业资格证书制度。”《职业教育法》第八条规定：“实行学历证书、培训证书和职业资格证书制度。”这些都为推行职业资格证书制度提供了法律依据。

→法条链接

《劳动法》第六十九条

《职业教育法》第八条

《关于个体工商户、私营企业从人员实行职业资格证书制度有关问题的通知》

《关于进一步推行职业资格证书有关问题的通知》

小贴士

中共中央《关于建立社会主义市场经济体制若干问题的决定》(中发〔1999〕9 号)指出：“要制定各种职业的资格标准和录用标准，实行学历文凭和职业资格两种证书制度。”而中共中央国务院《关于深化教育改革全面推进素质教育的决定》指出，“在全社会实行学业证书和职业资格证书并重的制度”。

## 59. 国家职业资格证书分为几个等级?

国家职业资格证书分为五个等级，即初级（国家职业资格五级）、中级（国家职业资格四级）、高级（国家职业资格三级）、技师（国家职业资格二级）、高级技师（国家职业资格一级）。职业资格证书由人力资源和社会保障部门统一印制，劳动保障部门或国务院有关部门按规定办理和核发。

→法条链接

《劳动法》第六十九条

《招用技术工种从业人员规定》第三条

小贴士

职业资格证书的五个等级分别代表着不同的技能要求。其中，(1) 初级技能意味着能够运用基本技能完成本职业的常规工作。(2) 中级技能够熟练运用基本技能完成本职业的常规工作；能够在特定情况下，运用专门技能完成较为复杂的工作；并能够与他人进行合作。(3) 高级技能能够熟练运用基本技能和专门技能完成较为复杂的工作；包括完成非常规性工作；能够独立处理工作中出现的问题；能够指导他人进行工作或协助培训一般操作人员。(4) 技师能够熟练运用基本技能和专门技能完成较为复杂的、非常规性的工作；掌握本职业的关键操作技能技术；能够独立处理和解决技术或工艺总是在操作技能方面有创新；能组织指导他人进行工作；能培训一般操作人员；具有一定的管理能力。(5) 高能技师能够熟练运用基本技能和特殊技能在本职业的各个领域完成复杂的、非常规性的工作；熟练掌握本职业的关键操作技能技术；能够独立处理和解决高难度的技术或工艺问题；在技术攻关、工艺革新和技术改革方面有创新；能组织开展技术改造、技术革新和进行专业技术培训；具有管理能力。

## 60. 没有取得职业资格证书就不能从事相关工作吗？

就业准入制度仅适用于那些从事涉及公共安全、人身健康、生命财产安全的特殊工种的劳动者。具体来说，就是人力资源和社会保障部确定的 80 多个需要持职业资格证书就业的工种或职业。对于这些职业，从业人员必须经过培训，取得相应的职业资格证书后才能从业。

然而，相较于我国目前已有的上千种职业而言，这 80 多个特殊职工只是其中的一小部分。除此之外的其他职业并没有必须具有职业资格证书才能就业的要求。例如许多人所从事的坚果炒货和理发、厨师等职业，没有相关职业资格，也同样可以从事。有了相关的职业资格，也只是对自己业务技能的证明，或作为薪酬谈判的依据而已。

→政策链接

《关于印发〈实行就业准入的职业目录〉及有关问题的通知》

小贴士

针对目前各种认证、资格考试繁多的情况，人力资源和社会保障部门提醒说：新职业并不意味着高薪，证书也不是越多越好，很多用人单位在要求职业资格证的同时，还考虑所学专业、从业经历等因素，要根据自己所学专业、兴趣爱好、职业生涯方向来选择合适的培训和资格认证，更有助于职场成功。

## 61. 用人单位招用未取得相应资格证书的劳动者从事技术工种工作的，需要承担什么责任？

根据《招用技术工种从业人员规定》第十一条，用人单位违反本规定招用未取得相应职业资格证书的劳动者从事技术工种工作的，由劳动保障行政部门给予警告，责令用人单位限期对有关人员进行相关培训，取得职业资格证书后再上岗，并可处以 1000 元以下罚款。

→法条链接

《招用技术工种从业人员规定》第十一条

《关于贯彻实施〈招用技术工种从业人员规定〉的通知》

小贴士

用人单位招收和使用合格的劳动者到技术岗位工作，是保证生产正常运转，提高产品和服务质量，保障生产安全的必然要求。《招用技术工种从业人员规定》（劳社部令6号）的制定和实施，正是适应了用人单位的这种内在需求。用人单位可以依据《规定》，充分行使用工自主权，抵制招工中的不正之风，对职工提出素质和技能的要求，搞好用工管理。

## 62. 已经在岗的从事技术工种的人员没有取得相应的职业资格证书怎么办?

《招用技术工种从业人员规定》明确规定，对该规定发布前（2000年3月16日前）从事技术工种而不具有相应职业资格证书的在岗人员，用人单位应按照国家职业（技能）标准进行培训，使其达到本工种的职业技能要求。

→法条链接

《招用技术工种从业人员规定》第七条

《关于贯彻实施〈招用技术工种从业人员规定〉的通知》

小贴士

针对这一情况，《规定》中虽然没有规定要进行相应处罚，但根据全面推行职业资格证书制度的需要，要求用人单位应积极组织职工开展岗位培训，使从事技术工种人员逐步达到本工种的职业技能要求；对职工个人，也要求他们积极参加职业培训和职业技能鉴定，提高自身的工作能力和就业竞争能力。

## 63. 能否用职业资格证书代替培训合格证书、专项职业能力证书?

不能。人力资源和社会保障部在2009年发布了《关于严格职业资格证书管理的通知》(人社职司函〔2009〕18号),针对部分地区、部门在培训考核发证中,出现用职业资格证书代替培训合格证书、专项职业能力证书现象,作出了规定:

(1)各地区、各部门在开展培训、考核时,要严格按规定颁发证书。对参加各类专业培训的,培训合格后,应由培训机构颁发相应专业培训合格证书。对参加专项职业能力考核合格的,要按《关于开展单项职业能力考核试点工作的通知》(劳社厅发〔2005〕4号)规定,由各地免费颁发专项职业能力证书。各地区、各部门不得以职业资格证书代替专业培训合格证书、专项职业能力证书。

(2)各地区、各部门在实施职业技能鉴定时,要严格审查考生资格条件,认真执行国家职业标准,加强考务管理,确保鉴定质量。对符合要求并经鉴定合格者,方可发放相应技能等级的职业资格证书。各地区、各部门不得擅自降低标准要求,随意发放职业资格证书。

→政策链接

《关于开展单项职业能力考核试点工作的通知》

《关于严格职业资格证书管理的通知》

小贴士

各地区、各部门要加强对证书核发管理工作的监督检查,确保证书管理工作规范有序。人力资源和社会保障部将适时对各地区、各部门职业资格证书核发、使用和管理等情况进行专项检查,对违反有关证书管理规定的,将严肃查处并予以通报。

### 64. 如何办理职业资格证书？

（1）申请职业技能鉴定，根据国家职业标准要求的条件，确定自己申报鉴定的职业和等级（同时，可以到政府劳动保障行政部门确定的培训机构参加申报鉴定相对应等级的培训，取得培训结业证书），到国家职业技能鉴定所（站）报名。

（2）经相关部门的资格审定同意后，参加职业技能考核鉴定（理论知识、技能操作等）。

（3）考核鉴定合格后，职业技能鉴定所（站）将考核成绩报相应职业技能鉴定指导中心审查，再报经同级劳动保障行政部门或行业部门劳动保障工作机构核准后，由职业技能鉴定指导中心按照国家规定的编码方案和格式要求统一打印证书，并加盖中心印章，随后，到同级劳动保障行政部门或行业部门劳动保障工作机构加盖相关印章。

（4）由国家职业技能鉴定所将（站）职业资格证书发到参鉴人手中。

→政策链接

《关于个体工商户、私营企业从人员实行职业资格证书制度有关问题的通知》

《关于进一步推行职业资格证书有关问题的通知》

小贴士

与学历文凭证书不同，职业资格证书与某一职业能力的具体要求密切结合，反映特定职业的实际工作标准和规范，以及劳动者从事这种职业所达到的实际能力水平。据不完全统计，到2013年年底，全国各地区、各部门设置的职业资格达到了1100多项，其中国务院各部门设置的职业资格有560多项，地方自行设置的职业资格有570多项。

### 65. 职业资格证书改版是怎么回事儿？

2009年，人力资源和社会保障部适应机构改革和职业技能鉴定工作需要，发布了《关于职业资格证书改版及核发管理工作有关问题的通知》（人社厅发〔2009〕137号），对职业资格证书进行了改版。根据《通知》规定，改版后的职业资格证书沿用原证书基本样式、颜色、等级、版面、内容，采用中英文对照形式，对原证书涉及发证机关名称、印章等处进行个别改动，由人力资源和社会保障部统一印制。原劳动和社会保障部门印制的职业资格证书，自2009年12月1日起，一律停止办理和核发。此前，按照国家有关规定已经核发的职业资格证书仍然有效。

→政策链接

《关于做好2014年国家职业资格全国统一鉴定工作的通知》

《关于职业资格证书改版及核发管理工作有关问题的通知》

小贴士

人力资源和社会保障部职业能力建设司负责全国职业资格证书的统筹管理和监督检查，人力资源和社会保障部职业技能鉴定中心负责职业资格证书的监制、统计和发放工作。各省级人力资源社会保障（劳动保障）行政部门、国务院有关部门（行业组织、集团公司）人事劳动部门负责本地区、本行业部门职业资格证书的申领、验印、管理和监督检查，其所属职业技能鉴定指导中心负责本地区、本行业部门职业资格证书的编码、打印、统计和发放。

## 66. 职业资格证书丢失了怎么办？

遗失职业资格证书者，须登报声明作废，向颁发原证书的人力资源社会保障（劳动保障）行政部门申请补发，由同级鉴定机构负责审核办理。补办的证书使用原证书编码和新证书流水码，并在备注栏内注明。

→政策链接

《关于做好2014年国家职业资格全国统一鉴定工作的通知》

《关于职业资格证书改版及核发管理工作有关问题的通知》

小贴士

此外，职业资格证书因质量问题或填写损坏的，由省级人力资源社会保障（劳动保障）部门或国务院有关部门（行业组织、集团公司）人事劳动部门自行销毁，并将有关情况及证书流水码报人力资源和社会保障部职业能力建设司备案。职业资格证书的填写和编号按照《职业资格证书填写要求》和《职业技能鉴定考务管理编码方案》办理，并采用计算机打印。

## 67. 改版后，境外就业和对外劳务合作人员原所持非中英文对照职业资格证书怎么处理？

根据人力资源和社会保障部《关于职业资格证书改版及核发管理工作有关问题的通知》的规定，改版后的职业资格证书，作为境外就业和对外劳务合作人员办理职业技能水平公证的有效证件。境外就业和对外劳务合作人员原所持非中英文对照职业资格证书（含《技术等级证书》、《技师合格证书》以及《高级技师合格证书》），由省级人力资源社会保障（劳动保障）部门审核或鉴定复核后，统一换证，并在证书照片处盖省级人力资源社会保障（劳动保障）行政部门钢印。

→政策链接

《关于职业资格证书改版及核发管理工作有关问题的通知》

《关于做好2014年国家职业资格全国统一鉴定工作的通知》

小贴士

实行国家职业资格全国统一鉴定的职业，其鉴定合格人员统一使用套印“人力资源和社会保障部职业技能鉴定中心职业技能鉴定专用章”的职业资格证书，由省级人力资源社会保障（劳动保障）部门按规定办理证书，并在证书照片下角处盖省级人力资源社会保障（劳动保障）行政部门职业技能鉴定专用钢印。

## 68. 近年来国家取消了哪些职业资格许可和认定事项？

早在2007年，国务院办公厅就曾印发过《关于清理规范各类职业资格相关活动的通知》（国办发〔2007〕73号），就清理规范职业资格的设置等问题作出了具体规定。2014年，国务院先后于7月22日和10月23日两次作出关于取消和调整一批行政审批项目等事项的决定（即国发〔2014〕27号文件和国发〔2014〕50号文件），共取消了78项职业资格许可和认定事项（7月22日取消了11项，10月23日又取消了67项）。2014年8月份，为贯彻落实《国务院机构改革和职能转变方案》的有关要求，切实做好减少职业资格许可和认定工作，人力资源和社会保障部发布了《关于减少职业资格许可和认定有关问题的通知》，对减少职业资格许可和认定提出了原则要求。

（1）严格按照行政许可法和《国务院办公厅关于清理规范各类职业资格相关活动的通知》（国办发〔2007〕73号）规定，取消国务院部门设置的没有法律、法规或国务院决定作为依据的准入类职业资格，行业管理确有需要且涉及人数较多的职业，可报国务院人力资源社会保障部门批准后设置为水平评价类职业资格；

（2）国务院部门设置实施的有法律法规依据的准入类职业资格，与国家安全、公共安全、公民人身财产安全关系并不密切或不宜采取职业资格方式进行管理的，按程序提请修订有关法律法规后予以取消；

（3）取消国务院部门和全国性行业协会、学会自行设置的水平评价类职业资格，确有必要保留的，经国务院人力资源社会保障部门批准后纳入国家统一规划管理；

（4）取消地方各级人民政府及有关部门自行设置的职业资格，确有必要的，经国务院人力资源社会保障部门批准后作为职业资格试点，逐步纳入国家统一的职业资格管理。

《通知》提出：今后，凡新设国家职业资格，须报国务院人力资源和社会保障部纳入国家职业资格统一规划和管理，各地区、各部门不得自行设置国家职业资格。各地区负责取消本地区自行设置的专业技术人员职业资格和技能人员职业资格。

→政策链接

《关于清理规范各类职业资格相关活动的通知》

《关于取消和调整一批行政审批项目等事项的决定》

《关于减少职业资格许可和认定有关问题的通知》

小贴士

取消职业资格的重点是清理国务院部门、行业协会、学会以及其他中央单位面向社会自行设立的各类职业资格，特别是那些计划经济色彩浓厚、矛盾比较集中、行业基础薄弱的职业资格。根据相关安排，到2015年，基本完成减少职业资格许可和认定工作。



## 69. 2014年国家取消了哪些准入类职业资格？

2014年7月22日，国发〔2014〕27号文件取消了房地产经纪人、注册税务师、土地登记代理人、矿业权评估师、注册资产评估师5项准入类职业资格；随后国发〔2014〕50号文件又于10月23日取消了土地估价师资格、机动车驾驶员培训机构教学负责人、机动车驾驶员培训结业考核人员从业资格、公路水运工程试验检测人员资格、理货人员从业资格、水土保持监测人员上岗资格、拍卖行业从业人员资格、机械工业质量管理咨询师、机械工业标准复核人员资格、机械工业企业标准化人员资格、出入境检验检疫报检员资格、外国证券类机构驻华代表机构首席代表资格核准、保荐代表人资格、保险公司精算专业人员资格认可、保险公估机构高级管理人员任职资格核准14项准入类职业资格。

→政策链接

《关于取消和调整一批行政审批项目等事项的决定》

《关于减少职业资格许可和认定有关问题的通知》

《关于做好国务院取消部分准入类职业资格相关后续工作的通知》

小贴士

为切实落实国务院决定，搞好政策衔接和平稳过渡，维护专业技术人才的合法权益，人力资源和社会保障部经与住房城乡建设部、税务总局、国土资源部、财政部等国务院相关行业主管部门研究发布了《关于做好国务院取消部分准入类职业资格相关后续工作的通知》，决定将取消的房地产经纪人、注册税务师、土地登记代理人、矿业权评估师、注册资产评估师5项准入类职业资格调整为水平评价类职业资格。



## 70. 减少职业资格许可是否意味着不再需要就业准入了?

取消部分职业资格许可和认定，不是指取消所有职业资格，更不是指取消职业资格制度。职业资格制度作为人才评价制度，是世界各国普遍采用的人力资源开发管理的一项基本制度。

在推行职业资格制度中，既要按照国务院转变政府职能、简政放权的要求，进一步减少职业资格许可和认定，消除不必要的就业创业门槛，杜绝乱考试、乱发证的现象，又要依法依规严格执行就业准入制度。按照《就业促进法》要求，对从事涉及公共安全、人身健康、生命财产安全等特定职业（工种）的劳动者必须取得相应的职业资格证书方可上岗就业。因此，在减少职业资格许可的同时，要建立完善就业准入制度，加快制定出台《职业资格设置管理条例》，将涉及公共安全、人身健康和生命财产安全，且确有必要实行就业准入的职业，设置为准入类职业资格。

→政策链接

《关于取消和调整一批行政审批项目等事项的决定》

《关于减少职业资格许可和认定有关问题的通知》

小贴士

减少职业资格与严格执行就业准入两者并不矛盾，都不可偏废。该减少的一定要减少，该准入的也要实行准入。目前还存在一些涉及公共安全、人身健康和生命财产安全，应该实行就业准入的职业（工种），但由于没有明确的法律法规依据而无法实行就业准入，比如，锅炉设备操作工、锅炉设备安装工、维修电工、食品检验工等，一些行业部门、用人单位对此反映强烈，要求增加持证上岗职业。

## 71. 准入类职业资格设置为水平评价类职业资格后要注意什么问题？

根据人力资源和社会保障部经与住房城乡建设部、税务总局、国土资源部、财政部等国务院相关行业主管部门《关于做好国务院取消部分准入类职业资格相关后续工作的通知》，调整为水平评价类的职业资格不再实行执业准入控制，不得将取得职业资格证书与从事相关职业强制挂钩；对取得职业资格证书的人员不再实行注册管理；取得资格人员按照专业技术人员管理规定参加继续教育，不再将职业资格管理与特定继续教育和培训硬性挂钩。

→政策链接

《关于取消和调整一批行政审批项目等事项的决定》

《关于减少职业资格许可和认定有关问题的通知》

《关于做好国务院取消部分准入类职业资格相关后续工作的通知》

小贴士

与准入类职业资格证书不同，水平评价类职业资格证书没有行政许可性质。此次改革取消政府部门及协会、学会设置的无依据的水平类职业资格证书，能够为职业资格认证市场创造良好而公平的竞争环境，有利于通过市场竞争来培育高质量水平类证书。今后，不仅行业组织可以发证，民间的培训机构也可以发证，水平评价类职业资格证书将会像其他商品和服务一样，凭借其含金量、品牌影响力来占领市场。

## 72. 水平评价类职业资格具体认定工作由谁来承担？

人力资源和社会保障部《关于减少职业资格许可和认定有关问题的通知》提出，要推进行业协会、学会有序承接水平评价类职业资格具体认定工作。水平评价类职业资格由国务院部门依法制定职业标准或评价规范，按照有序承接、规范管理、平稳过渡的原则，具体认定工作逐步由有关行业协会、学会承担。相关行业协会、学会提出承担具体认定工作申请，人力资源和社会保障部门和行业主管部门综合评估认定行业协会、学会是否具有承接能力，优先选择较为成熟的行业协会、学会开展水平评价类职业资格具体认定试点，积累经验。

→政策链接

《关于取消和调整一批行政审批项目等事项的决定》

《关于减少职业资格许可和认定有关问题的通知》

小贴士

国务院人力资源和社会保障部门会同国务院相关行业主管部门，负责行业协会、学会认定水平评价类职业资格的监督指导工作，制定行业协会、学会有序承接水平评价类职业资格具体认定工作的管理办法，修订《职业技能鉴定规定》，明确认定规则，严格认定标准，规范认定程序，定期开展评估检查，加强宏观管理，建立退出机制，确保移交后水平评价类职业资格具体认定工作平稳有序开展。

## 73. 企业法律顾问职业资格取消了怎么办?

2014 年 7 月，国务院《关于取消和调整一批行政审批项目等事项的决定》提出，取消企业法律顾问准入类职业资格。为了做好政策衔接和后续工作，人力资源和社会保障部办公厅等发布了《关于做好取消企业法律顾问职业资格后续工作的通知》，提出相关后续工作的具体要求：

（1）企业法律顾问准入类职业资格取消后，国家将按照党的十八届三中全会提出的普遍建立法律顾问制度的要求，统筹研究完善企业法律顾问专业人员评价办法。

（2）原企业法律顾问职业资格证书不再实行注册管理。原注册管理机构应当按照有关要求，及时调整做好企业法律顾问队伍的引导和服务工作。原有证书继续作为具有相应专业技术能力和水平的凭证，原有资格可继续作为聘任经济系列相应专业技术职务的依据。

（3）针对 2013 年度参加考试部分科目成绩合格的人员和 2014 度已经报名考试的人员，人力资源和社会保障部、国资委、司法部将制定过渡性政策措施。过渡性政策措施出台前，原定考试日期推迟，具体考试日期另行通知。2013 年考试部分科目成绩合格的，合格成绩有效期顺延。

→政策链接

《关于取消和调整一批行政审批项目等事项的决定》

《关于减少职业资格许可和认定有关问题的通知》

《关于做好国务院取消部分准入类职业资格相关后续工作的通知》

《关于做好取消企业法律顾问职业资格后续工作的通知》

小贴士

1997 年，人事部联合国家经贸委、司法部制定了部门规章《企业法律顾问职业资格制度暂行规定》，并发布了《企业法律顾问职业资格考试实施办法》，该规章成为企业法律顾问资格制度实施的依据。但根据 2004 年 7 月 1 日正式实施的《行政许可法》第二章关于行政许可设定的规定，企业法律顾问职业资格，作为执业准入资格考试的行政许可，只能由法律、行政法规、国务院决定（临时行政许可）、地方性法规、省级地方政府规章（临时行政许可）作为设定依据。这也就意味着由部委一级的文件作为依据的行政许可失去了法律效力。2014年国务院发布的《决定》将这些历史遗留下来的存在瑕疵的行政许可“一刀切”，依部门规章而设立的企业法律顾问职业资格证书制度便在其中。

### 74. 注册资产评估师职业资格取消了怎么办?

根据人力资源和社会保障部办公厅、财政部办公厅印发的《关于做好取消注册资产评估师职业资格后续工作的通知》，就注册资产评估师职业资格取消后有关具体事宜作出了安排：

（1）将注册资产评估师职业资格调整为水平评价类职业资格。

（2）已取得注册资产评估师职业资格证书的人员，原有资格仍可以作为聘任经济系列相应专业技术职务的依据。

（3）2014年度全国统一考试日期推迟至2015年上半年，具体考试日期另行通知。凡已报名参加2014年度注册资产评估师考试的考生，均可参加考试。2014年以前参加考试的各科目合格成绩有效期顺延。

（4）人力资源和社会保障部、财政部将抓紧修订原注册资产评估师相关制度文件。待新修订的制度文件出台后，按照新的制度文件开展相关工作。

→政策链接

《关于取消和调整一批行政审批项目等事项的决定》

《关于减少职业资格许可和认定有关问题的通知》

《关于做好国务院取消部分准入类职业资格相关后续工作的通知》

《关于做好取消注册资产评估师职业资格后续工作的通知》

小贴士

1995年5月10日，人事部、国家国有资产管理局印发《注册资产评估师执业资格制度暂行规定》及《注册资产评估师执业资格考试实施办法》（人职发〔1995〕54 号），国家开始实施资产评估师执业资格制度。

## 75. 质量专业技术人员职业资格取消后怎么办？

质量专业技术人员职业资格取消后，人力资源社会保障部办公厅和国家质量监督检验检疫总局办公厅印发了《关于做好取消质量专业技术人员职业资格后续工作的通知》（人社厅函〔2014〕377 号），对相关后续工作作出了具体安排：

（1）对取得质量专业技术人员职业资格证书的人员不再实行注册管理，原有证书继续作为具有相应专业技术能力和水平的凭证，原质量专业技术人员职业资格可继续作为聘任工程系列相应专业技术职务的依据。

（2）质量专业技术人员职业资格取消后，国家将结合工程技术人员职称制度改革，研究建立质量工程技术人员新的人才评价制度。

→政策链接

《关于取消和调整一批行政审批项目等事项的决定》

《关于减少职业资格许可和认定有关问题的通知》

《关于做好国务院取消部分准入类职业资格相关后续工作的通知》

《关于做好取消质量专业技术人员职业资格后续工作的通知》

小贴士

质量专业技术人员是指企业、事业单位和社会团体中从事质量专业工作及相关工作的人员，在质量技术监督检验机构从事专职检验工作的人员除外。2000 年，为适应加入世贸组织和完善市场经济需要，科学、客观、公正地评价和选拔质量专业技术人才，加强质量专业技术人员队伍建设，提高产品质量水平和产品竞争力，原人事部、国家质量技术监督局研究决定，在工程系列质量专业实行全国统一的职业资格考试制度。同年 12 月 22 日，两部门印发了《质量专业技术人员职业资格考试暂行规定》和《质量专业技术人员职业资格考试实施办法》，质量专业技术人员职业资格考试正式实施。

## 76. 注册税务师职业资格许可和认定事项取消后怎么办?

2014 年 7 月，国务院取消了注册税务师等 11 项准入类职业资格。为做好相关后续工作，人力资源社会保障部办公厅和国家税务总局办公厅联合印发了《关于做好取消注册税务师职业资格许可和认定事项后续工作的通知》。通知提出：

（1）将注册税务师职业资格由准入类职业资格调整为水平评价类职业资格。

（2）人力资源和社会保障部与国家税务总局正在研究修订相关制度文件，新修订的制度文件出台后，按照新的制度文件开展相关工作。

（3）已取得注册税务师职业资格证书的人员，原有证书继续作为具有相应专业技术能力和水平的凭证，原有资格仍作为聘任经济系列相应专业技术职务的依据。

（4）税务部门在此期间要切实加强行业监管，行业协会应继续做好行业自律相关工作。

→政策链接

《关于取消和调整一批行政审批项目等事项的决定》

《关于减少职业资格许可和认定有关问题的通知》

《关于做好国务院取消部分准入类职业资格相关后续工作的通知》

《关于做好取消注册税务师职业资格许可和认定事项后续工作的通知》

小贴士

注册税务师英文译称 Registered Tax Agent，简称 CTA，是指经全国统一考试合格，取得《注册税务师执业资格证书》并经注册登记的、从事税务代理活动的专业技术人员。我国自 1996 年实施注册税务师资格制度以来，注册税务师队伍迅速壮大。截至2011年12月31日，全国从事经营的税务师事务所共4667户（包括税务师事务所的子所和异地分所），从业人员90107人，其中女性53356人，占59.21%；执业注册税务师34246人，占从业人员总数的38.01%，其中女性17599人，占51.39%。税务师事务所的注册资金总额24.65亿元，运营资金总额1.50亿元，资产总额132.44亿元，利润总额2.88亿元，委托人户数总额230.10万户次。

## 77. 土地登记代理人职业资格取消后怎么办？

根据人力资源社会保障部办公厅和国土资源部办公厅联合发布的《关于做好取消土地登记代理人职业资格后续工作的通知》，就取消土地登记代理人职业资格后的政策衔接和过渡工作作出了具体安排：

（1）土地登记代理人资格调整为水平评价类职业资格后，考试组织、考试科目、考试报名条件、免试部分科目条件保持不变。

（2）土地登记代理人资格调整为水平评价类职业资格后不再实行执业准入控制，不得将取得职业资格证书与从事相关职业强制挂钩；取得资格人员按照专业技术人员管理规定参加继续教育，不再将职业资格管理与特定继续教育和培训硬性挂钩。

（3）已取得原土地登记代理人职业资格证书的人员，原有证书继续作为具有相应专业技术能力和水平的凭证，原有资格仍可以作为聘任经济系列相应专业技术职务的依据。

（4）人力资源社会保障部、国土资源部将抓紧修订相关政策规定，新修订的政策文件颁布前，原人事部、国土资源部《关于印发〈土地登记代理人职业资格制度暂行规定〉和〈土地登记代理人职业资格考试实施办法〉的通知》（人发〔2002〕116号）有关规定与本通知不符之处，以本通知为准。

→政策链接

《关于取消和调整一批行政审批项目等事项的决定》

《关于减少职业资格许可和认定有关问题的通知》

《关于做好国务院取消部分准入类职业资格相关后续工作的通知》

《关于做好取消土地登记代理人职业资格后续工作的通知》

小贴士

土地登记代理人是指在土地登记代理机构中从事土地登记代理业务的专业技术人员。土地登记代理人的业务范围包括：办理土地登记申请、指界、地籍调查、领取土地证书等；收集、整理土地权属来源证明材料等与土地登记有关的资料；帮助土地权利人办理解决土地权属纠纷的相关手续；查询土地登记材料；查证土地产权；提供土地登记及地籍管理相关法律咨询以及与土地登记业务相关的其他事项。2002 年，人事部、国土资源部联合下发《关于印发〈土地登记代理人职业资格制度暂行规定〉和〈土地登记代理人职业资格考试实施办法〉的通知》（人发〔2002〕116 号），对土地登记代理人考试作出了具体规定。



## 78. 矿业权评估师职业资格调整后怎么办？

2014 年，人力资源和社会保障部根据国务院的决定，将矿业权评估师职业资格调整为水平评价类职业资格。为做好政策衔接和过渡工作，人力资源社会保障部办公厅和国土资源部办公厅印发了《关于做好取消矿业权评估师职业资格后续工作的通知》，就矿业权评估时职业资格调整后的具体事宜作出了具体安排：

（1）矿业权评估师资格调整为水平评价类职业资格后，考试组织、考试科目、考试报名条件保持不变。

（2）矿业权评估师资格调整为水平评价类职业资格后不再实行执业准入控制，不得将取得职业资格证书与从事相关职业强制挂钩；对取得职业资格证书的人员不再实行注册管理；取得资格人员按照专业技术人员管理规定参加继续教育，不再将职业资格管理与特定继续教育和培训硬性挂钩。

（3）已取得原矿业权评估师职业资格证书的人员，原有证书继续作为具有相应专业技术能力和水平的凭证，原有资格仍可以作为具备相应矿业权评估能力和水平的依据。

（4）2014年度原定考试日期推迟，具体考试日期另行通知。

（5）人力资源和社会保障部、国土资源部将抓紧修订原矿业权评估师相关政策规定，新修订的政策规定颁布前，原人事部、国土资源部《关于印发〈矿业权评估师执业资格制度暂行规定〉的通知》（人发〔2000〕82号）有关规定与本通知不符之处，以本通知为准。

→政策链接

《关于取消和调整一批行政审批项目等事项的决定》

《关于减少职业资格许可和认定有关问题的通知》

《关于做好国务院取消部分准入类职业资格相关后续工作的通知》

《关于做好取消矿业权评估师职业资格后续工作的通知》

小贴士

矿业权是指矿产资源使用权，包括探矿权和采矿权。前者是指在依法取得的勘查许可证规定的范围内，勘查矿产资源的权利；后者是指在依法取得采矿许可证规定的范围内，开采矿产资源和获得所开采矿产品的权利。矿业权评估是矿业权转让活动的有机组成部分，在矿业权市场的全程运作中起着重要的作用。根据《矿业权评估师执业资格制度暂行规定》，矿业权评估师可以从事下列范围内的业务：（1）矿业权出让评估业务；（2）矿业权转让评估业务；（3）矿业权评估咨询；（4）国土资源部规定的其他业务。

# 六、劳动预备制度指的啥

## 79. 什么是劳动预备制度？

劳动预备制度是国家为提高青年劳动者素质，培养劳动后备军而建立和推行的一项新型培训就业制度。该制度是针对我国劳动者职业技能素质普遍较低，难以适应经济建设和科技快速发展需要而采取的一项有力措施。1999 年，国务院办公厅发布了《转发劳动保障部等部门关于积极推进劳动预备制度加快提高劳动者素质意见的通知》（国办发〔1999〕60 号），从 1999 年起在全国城镇普遍推行劳动预备制度，组织新生劳动力和其他求职人员，在就业前接受 1—3 年的职业培训和职业教育，使其取得相应的职业资格或掌握一定的职业技能后，在国家政策的指导和帮助下，通过劳动力市场实现就业。

→政策链接

《国务院办公厅转发劳动保障部等部门关于积极推进劳动预备制度加快提高劳动者素质意见的通知》

《关于印发劳动预备制培训实施办法的通知》

小贴士

实行劳动预备制度，对新生劳动力进行就业前职业培训和职业教育，使其掌握必要的职业技能后再进入就业岗位，对于提高青年劳动者素质，调节劳动力供求，缓解就业压力具有积极作用。全面推行劳动预备制度，不仅关系到劳动者素质的提高和企业长远的发展，而且关系到我国综合国力的提高，是一项具有战略意义的工作，是培训就业制度的一场深刻变革。普遍推行劳动预备制度，全面实行就业准入控制，意味着在普及九年义务教育的基础上，在城镇普及就业前的培训和职业教育，是一项带有根本性的改革措施，有助于调节劳动力供求，减缓目前就业压力，也是提高企业竞争能力的有效途径。

## 80. 建立和实施劳动预备制度的政策法律依据是什么？

《劳动法》第六十八条规定，“从事技术工种的劳动者，上岗前必须经过培训”。《职业教育法》第八条规定，“国家实行劳动者在就业前或者上岗前接受必要的职业教育的制度”。《中共中央国务院关于切实做好国有企业下岗职工基本生活保障和再就业工作的通知》（中发〔1998〕10号）要求，“要普遍实行劳动预备制度，对城镇未能继续升学的初、高中毕业生，进行1—3年的职业技术培训”，《中共中央国务院关于深化教育改革全面推进素质教育的决定》（中发〔1999〕9号）要求，要“积极推行劳动预备制度，坚持实行‘先培训、后上岗’的就业制度”，这些规定是建立和实施劳动预备制度的重要依据。《国务院办公厅转发劳动保障部等部门关于积极推进劳动预备制度加快提高劳动者素质意见的通知》规定：“从1999年起，在全国城镇普遍推行劳动预备制，组织新生劳动力和其他求职人员，在就业前接受1—3年的职业培训和职业教育，使其取得相应的职业资格或掌握一定的职业技能后，在国家政策的指导和帮助下，通过劳动力市场实现就业。”

→法条链接

《劳动法》第八章

《国务院办公厅转发劳动保障部等部门关于积极推进劳动预备制度加快提高劳动者素质意见的通知》

《关于印发劳动预备制培训实施办法的通知》

小贴士

劳动预备制度通过全面开展职业培训和职业教育来实施。搞好对劳动预备制人员的职业培训和职业教育，要广泛动员社会各方面的力量，利用现有教育、培训资源。技工学校、就业训练中心和其他职业培训机构，要积极主动承担劳动预备制人员培训任务，培养社会各方面需要的适用人才；充分利用并进一步发展中等职业学校和职业技术学院等职业学校教育，培养生产、管理、服务等第一线急需的专门人才；企业办的各类培训机构也要充分利用现有的培训设施，挖掘培训潜力，对尚未经过职业培训的职工进行岗位培训。

## 81. 实施劳动预备制度的对象范围是什么？

实行劳动预备制度的主要对象：一是有劳动能力和就业愿意的城镇未能继续升学的初、高中毕业生。二是农村未能继续升学并准备从事非农产业工作或进城务工的初、高中毕业生。三是各地结合实际，引导组织准备从事农业生产劳动的初、高中毕业生以及城镇失业人员、企业下岗职工参加劳动预备制培训。



→法条链接

《劳动法》第八章

《国务院办公厅转发劳动保障部等部门关于积极推进劳动预备制度加快提高劳动者素质意见的通知》

《关于印发劳动预备制培训实施办法的通知》

小贴士

《劳动预备制培训实施办法》规定，公共职业介绍机构以及乡镇劳动服务机构应开设专门窗口，公布劳动预备制培训专业，发布定点培训机构招生广告，指导和组织前来求职的初、高中毕业生参加劳动预备制培训。

## 82. 参加劳动预备制培训是否需要经过入学考试？

参加劳动预备制的人员进行职业培训原则上实行免试入学，需要经过文化考核和能力测试的，由当地政府确定；进入各类职业学校学习按国家或地方有关规定进行。《劳动预备制培训实施办法》规定，劳动预备制培训对象凭初、高中毕业证书报名免试参加培训，各地可将劳动预备制培训登记报名与技工学校、就业训练中心招生结合进行。

→法条链接

《劳动法》第八章

《国务院办公厅转发劳动保障部等部门关于积极推进劳动预备制度加快提高劳动者素质意见的通知》

《关于印发劳动预备制培训实施办法的通知》

小贴士

国家要求各地根据当地培训任务的要求，通过申报、评估，认定一批办学条件好、培训质量高、专业设置合理的技工学校、就业训练中心或其他职业学校和培训机构为劳动预备制定点培训机构，并定期向社会公布定点培训机构的名称、地址、专业设置情况。

## 83. 劳动预备制度的培训内容是什么？

（1）按照劳动预备制培训的基本要求设置培训课程，培训期限2年以下的课程采用基本素质、职业知识、专业技能和社会实践4个模块进行教学。

（2）国家规定的就业准入职业（工种）和通用工种培训，执行部颁劳动预备制培训计划、大纲，其他工种的培训计划、大纲，由各地遵照部颁培训计划、大纲自行制订。

（3）社会实践教学活动由各定点培训机构组织实施。

→法条链接

《劳动法》第八章

《国务院办公厅转发劳动保障部等部门关于积极推进劳动预备制度加快提高劳动者素质意见的通知》

《关于印发劳动预备制培训实施办法的通知》

小贴士

国家对劳动预备制度培训的专业设置也提出了相应要求。一是定点培训机构要根据经济发展和劳动力市场需求，依据国家职业分类，调整和优化专业结构，开设符合就业需求的培训专业。二是就业服务机构（包括乡镇劳动服务机构）要对城乡劳动力资源和用人单位用工需求进行调查，及时发布职业需求预测信息，指导定点培训机构合理设置培训专业。



## 84. 劳动预备制培训的期限是多长？

（1）根据培训对象和岗位需求，确定劳动预备制培训期限。城镇初中毕业生初级技能培训期限一般为1年以上，中级技能培训期限一般为2年以上；城镇高中毕业生中级技能培训期限一般为1年以上，高级技能培训期限一般为2年以上。特殊职业（工种）的培训期限，按国家有关规定执行；一般岗位新生劳动力的培训期限可适当缩短。

（2）已实现流动就业的农村劳动力可在就业地参加培训，培训的期限、内容和形式可根据城市用工需要或职业（工种）特点灵活掌握。

→法条链接

《劳动法》第八章

《国务院办公厅转发劳动保障部等部门关于积极推进劳动预备制度加快提高劳动者素质意见的通知》

《关于印发劳动预备制培训实施办法的通知》

小贴士

对劳动预备制人员的职业培训和职业教育，应根据劳动力市场需求，按照职业分类和职业技能标准来组织进行。培训内容主要是进行职业技能和专业理论学习，并进行必要的文化知识学习和创业能力培训，同时进行职业道德、职业指导、法制观念等教育。

## 85. 劳动预备制的培训形式有哪些?

对劳动预备制人员进行培训，可采取灵活多样的培训形式，如全日制、非全日制以及学分制与学时制相结合或远程培训等灵活多样的培训形式，还要组织劳动预备制人员进行生产实习，开展勤工俭学，并组织其参加社区服务、公益劳动等社会实践活动。具体来说，国家对劳动预备制培训形式的要求包括以下几方面：

（1）应届初、高中毕业生参加劳动预备制培训以全日制为主，其他人员可采取非全日制、学分制与学时制相结合或参加远程培训等形式。

（2）参加1年以上劳动预备制培训的初中毕业生，学习期满，经考试合格可直接转为技工学校学生，学习期限连续计算；参加1年以上劳动预备制培训的高中毕业生可参加高级技工学校学习。

（3）具备一定条件的定点培训机构，可与其他教育机构联合办学，多渠道、多层次培养人才。

→法条链接

《劳动法》第八章

《国务院办公厅转发劳动保障部等部门关于积极推进劳动预备制度加快提高劳动者素质意见的通知》

《关于印发劳动预备制培训实施办法的通知》

小贴士

劳动预备制培训所需经费，原则上由个人和用人单位共同承担，政府给予必要的支持。定点培训单位对学员收取培训费，参照当地职业学校或培训机构的收费标准执行，对家庭经济确有困难的，可酌情减免培训费用；劳动保障部门举办的技工学校，根据招生人数，按当地生均经费标准向财政部门申请经费（技工学校经费科目）；用人单位委托定向培训的，从企业职工教育经费中提取一部分用于培训。

## 86. 参加劳动预备制度人员如何就业?

参加劳动预备制人员，由就业服务机构纳入当地劳动力信息资源管理系统，根据国家就业方针和劳动力市场需求，组织双向选择，优先推荐就业，或指导其组织起来就业和自谋职业，并为他们提供各种就业服务。

劳动预备制人员培训或学习期满，取得相应证书后，方可就业。从事一般职业（工种）的，必须取得相应的职业学校毕业证书或职业培训合格证书。从事国家或地方政府以及行业有特殊规定职业（工种）的，在取得职业学校毕业证书或职业培训合格证书的同时，还必须取得相应的职业资格证书。从事个体工商经营的，也应接受必要的职业培训，其中从事国家和地方政府规定实行就业准入控制职业（工种）的，必须在取得职业资格证书后方可办理开业手续。

→法条链接

《劳动法》第八章

《国务院办公厅转发劳动保障部等部门关于积极推进劳动预备制度加快提高劳动者素质意见的通知》

《关于印发劳动预备制培训实施办法的通知》

小贴士

对未经过劳动预备制培训学习，或虽经劳动预备制培训学习，但未取得相应证书的人员，职业介绍机构不得介绍就业，用人单位不得招收录用。对违反规定招收、录用的单位，劳动保障监察机构要责令改正，并要求未经过培训学习的人员参加相应的劳动预备制培训学习，限期取得毕业证书、职业培训合格证书或职业资格证书。

## 87. 用人单位因特殊情况能否直接招用新生劳动力?

用人单位因特殊需要招用技术性较强，但当地培训机构尚未开展培训的特殊职业（工种）人员，经劳动保障部门批准后，可允许企业先招收再培训，取得相应职业资格后再上岗。

→法条链接

《劳动法》第八章

《劳动预备制度宣传提纲》

《关于印发劳动预备制培训实施办法的通知》

小贴士

新生劳动力是指初次面临就业的各类有关人员，包括由于新生原因未能继续升学而直接进入求职大军的青年劳动力、达到劳动年龄的学校毕业生，进入城市初次求职的农民工等。

## 88. 劳动预备制培训人员学习期满可以获得什么凭证？

劳动预备制培训人员学习期满，经考试合格，可获得劳动预备制培训合格证书；参加技术工种培训，取得劳动预备制培训合格证书后，经职业技能鉴定合格者可获得相应职业资格证书；达到中级技能水平的优秀学员，可通过相应考试，获得技工学校毕业证书。劳动预备制培训合格证书、职业学校毕业证书、职业资格证书是劳动预备制培训人员就业的凭证。

→法条链接

《劳动法》第八章

《国务院办公厅转发劳动保障部等部门关于积极推进劳动预备制度加快提高劳动者素质意见的通知》

《关于印发劳动预备制培训实施办法的通知》

小贴士

《劳动预备制培训实施办法》规定，参加1年以上劳动预备制培训的人员，在报考各类中等职业学校时，同等条件下优先录取。

# 七、劳动培训机构有哪些

## 89. 什么是技工学校？

技工学校包括普通技工学校、高级技工学校和技师学院，是培养技能人才的重要渠道，是落实健全面向城乡全体劳动者职业技能培训制度的重要载体。普通技工学校主要承担中级技工培养任务，同时面向社会开展劳动预备制培训、企业职工培训、农村转移就业劳动者培训、农村实用人才培训等任务。高级技工学校主要承担中、高级技能人才培养和开展各类职业培训任务。技师学院承担通过学制教育培养预备技师、高级技工的任务，也是面向社会开展技师和高级技师提升培训与研修、考核与评价的重要平台。经过几十年的改革发展，目前我国技工学校已形成初中高级培训并存，学历教育与职业资格证书教育相结合，多层次、多功能、多元化的职业培训体系，遍及机械、电子、航空、电力、石油、冶金、铁路等近30个部门和系统。

→政策链接

《中共中央办公厅、国务院办公厅印发〈关于进一步加强高技能人才工作的意见〉的通知》

《关于印发国家高技能人才振兴计划实施方案的通知》

《关于推动高级技工学校技师学院加快培养高技能人才有关问题的意见》

小贴士

人力资源和社会保障部发布的《2013年度人力资源和社会保障事业发展统计公报》显示，2013年末全国共有技工学校2882所，在校学生386.6万人。全年技工学校面向社会开展培训525.3万人次。年末全国共有就业训练中心3001所，民办培训机构19008所。全年共组织开展各类职业培训2049万人次，其中：就业技能培训1227.5万人次，岗位技能提升培训548.7万人次，创业培训208.2万人次，其他培训64.6万人次。全年各类职业培训中农民工培训938.4万人次，城镇登记失业人员培训398万人次，城乡未继续升学的应届初高中毕业生培训102万人次。

## 90. 什么是技师学院，设立技师学院需要具备哪些条件？

技师学院是高等职业教育的组成部分，是以培养技师和高级技工为主要目标的高技能人才培养基地，同时，承担各类职业教育培训机构师资培训和进修任务。

设立技师学院一般应具备以下基本条件：在校生规模达3000人以上，其中，高级技工和预备技师在校生占40%以上（或达到1200人以上）；培养技师层次的常设专业一般不少于4个，所设专业具有两届以上高级技工培养实践；生产实习指导教师具有高级职业资格达到50%以上，具有技师职业资格达到20%以上；开展企业在职职工高级工、技师和高级技师提高培训每年至少500人次。

→政策链接

《中共中央办公厅、国务院办公厅印发〈关于进一步加强高技能人才工作的意见〉的通知》

《关于印发国家高技能人才振兴计划实施方案的通知》

《关于推动高级技工学校技师学院加快培养高技能人才有关问题的意见》

小贴士

各省级劳动保障部门负责全省技师学院的统筹规划和管理，可根据以上基本条件制定技师学院设置标准，并报省级人民政府批准后实施。

要组织专家根据设置标准对现有技师学院进行评估，对达到条件的，应报请省级人民政府同意，并报国家劳动保障部门备案。

### 91. 技工院校改革发展的目标任务是什么？

2010 年，人力资源和社会保障部印发了《关于大力推进技工院校改革发展的意见》，提出了当前和今后一个时期，技工院校改革发展的目标任务：围绕经济社会发展和促进就业需要，加快培养一流技能人才和高素质的劳动者，逐步形成规划布局合理，办学理念先进，培养模式科学，服务社会功能显著，具有中国特色的现代技工教育培训体系。到“十二五”末，全国技工院校学制教育在校生规模达到 500 万人（其中，高级技工、预备技师在校生规模达到 200 万人），毕业生就业率保持在 96% 以上；面向社会开展各类职业技能培训年均达到 800 万人次。地级以上城市都要建成 1 所符合当地经济发展需要的高级技工学校或技师学院；全国建设 50 所示范性技师学院、200 所示范性高级技工学校、500 所示范性普通技工学校和 100 个示范性公共实训基地。

→政策链接

《国家中长期人才发展规划纲要（2010—2020 年）》

《国家中长期教育改革和发展规划纲要（2010—2020 年）》

《关于大力推进技工院校改革发展的意见》

小贴士

“没有一流的技工，就没有一流的产品。”技能人才对于促进经济社会发展有重要作用。技工院校是培养技能人才的重要渠道，是落实健全面向全体劳动者的职业技能培训制度的重要载体。推进技工院校改革发展，加快技能人才培养，是适应经济发展方式转变，增强劳动者就业能力和工作能力的迫切需要，也是技工院校在新形势下提升竞争力、增强吸引力、扩大影响力、实现可持续发展的必然要求。

## 92. 技师学院、高级技工学校和普通技工学校在定位上有什么区别?

技师学院、高级技工学校和普通技工学校在定位上是有所区别的。

(1) 技师学院是高技能人才队伍建设综合基地，承担通过学制教育培养预备技师、高级技工的任务，也是本区域面向企业职工开展技师和高级技师提升培训与研修、考核与评价的重要平台。

(2) 高级技工学校承担中、高级技能人才培养和开展各类职业培训的重要任务，是培养技能人才的中坚力量。

(3) 普通技工学校在主要承担中级技工培养任务的同时，应积极面向社会开展各类职业技能培训，成为劳动预备制培训、企业职工培训、农村转移就业劳动者培训和农村实用人才培训的重要基地。人力资源和社会保障部《关于大力推进技工院校改革发展的意见》提出，到“十二五”末，技师学院的高级工以上在校生规模要达到60%以上，高级技工学校的高级工以上在校生规模要达到50%以上，技工学校每年开展社会培训人次应高于学制教育在校生数。

→政策链接

《关于大力推进技工院校改革发展的意见》

《关于做好技工院校审批管理工作的通知》

小贴士

《关于大力推进技工院校改革发展的意见》要求各地结合区域经济发展和产业布局，立足技工教育发展基础，加强规划引导，形成以技师学院为龙头、高级技工学校为骨干、普通技工学校为基础的覆盖城乡劳动者的技工教育培训网络。

## 93. 技工院校培训的学制教育期限是多长?

根据国家相关规定，高级技工学校、技师学院直接招收高中毕业生，培养高级技工的学制教育期限为3年，培养预备技师的学制教育期限为4年。高级技工学校、技师学院招收对口专业中等职业学校（包括技工学校）达到中级技能水平学生，培养高级技工的学制教育期限为2年，培养预备技师的学制教育期限为3年。学生学习期满且毕业成绩合格者，经职业技能鉴定合格后，取得相应毕业证书和职业资格证书。

→政策链接

《关于大力推进技工院校改革发展的意见》

《关于做好技工院校审批管理工作的通知》

小贴士

需要注意的是，技工院校实行弹性学制和学分制。企业职工在职培训可采取弹性学制，企业职工利用业余时间分阶段完成学业，累计学分达到规定要求的，可取得相应的技工院校毕业证书。学生累计学分达到规定要求的，可提前毕业。



## 94. 技工院校毕业生可以享受哪些待遇政策?

人力资源和社会保障部《关于大力推进技工院校改革发展的意见》提出要制定落实技工院校毕业生待遇政策，具体包括：

（1）鼓励企业在与高级技工学校、技师学院毕业生协商确定初次就业工资水平时，对取得高级工以上职业资格证书的，参照大专毕业生待遇确定；取得预备技师证书的毕业生工作满两年后，可申报参加技师资格综合评审，合格者按规定取得相应技师职业资格证书。

（2）制定高技能人才与工程技术人才职业发展贯通办法，选择部分工程技术类专业，探索开展取得高级工以上职业资格证书的高级技工学校、技师学院毕业生参加相应专业职称评价试点，具体办法另行规定。

（3）积极探索在基层和生产一线的优秀技术工人中考录公务员的办法。

（4）根据《直接从非军事部门招收士官工作规定》，高级技工学校、技师学院毕业生纳入军队士官招收对象范围，首次授衔确定工资起点标准等参照全日制大专、本科毕业生执行。

→政策链接

《关于大力推进技工院校改革发展的意见》

《关于做好技工院校审批管理工作的通知》

小贴士

国家还对技工院校的师资队伍建设提出了明确要求：到"十二五"末，技工学校专业课教师具有高级工以上职业资格的应达到50%以上；高级技工学校、技师学院专业课教师具有高级工以上职业资格的应达到70%以上。

## 95. 技工学校设置要符合哪些标准？

技工学校培养适应现代化生产、服务需要的中级技工，同时面向社会开展各类职业技能培训，并承担职业技能鉴定和就业服务等任务。2012年，人力资源和社会保障部依据国家有关法律法规制定了《技工学校设置标准（试行）》，对公民、法人和其他社会组织依法举办的技工学校的设置标准提出了明确要求。

（1）办学方向与模式。技工学校应全面贯彻党的教育方针，坚持科学发展观，坚持教育培训与生产实际相结合，坚持服务经济建设和社会发展、促进劳动者就业的办学方向。实行学制教育与职业培训并举、学校教育与企业培养相结合的办学模式。实行学业证书和职业资格证书"双证书"制度。

（2）领导班子。技工学校应配备政治素养高、管理能力强、熟悉技能人才培养规律的领导班子。实行校长负责制。校长应具有本科以上学历，以及高级专业技术职务或高级技师职业资格，且具有3年以上职业教育、职业培训或企业工作经历。其他校级领导应具有本科以上学历和中级以上专业技术职务或技师以上职业资格。

（3）培养规模。技工学校设立3年内培养规模应达到1600人。其中，学制教育在校生规模800人以上，年职业培训规模800人次以上。学校应紧密结合区域经济发展需要设置专业，常设专业不少于3个。

（4）硬件设施。一是技工学校校园占地面积不少于3万平方米（约45亩）；校舍建筑面积不少于1.8万平方米，生均校舍建筑面积不少于20平方米。其中，实习、实验场所建筑面积不少于0.5万平方米。企业办校的占地面积、建筑面积可包括企业用于职工培训的相关场所面积。二是应配备与办学规模和专业设置相适应的实习、实验设备设施，保证每生有实习工位。实习、实验设备总值不少于300万元。三是应具备相应的学生生活设施、体育设备设施和运动场所、图书馆、阅览室以及满足多媒体、网络教学和信息化管理需要的软硬件设备设施。

（5）技工学校应拥有一支与办学规模、专业设置相适应的专兼职教师队伍。学制教育师生比应不低于1：20。兼职教师人数不得超过教师总数的三分之一。具有企业实践经验的教师应占教师队伍总数的20%以上。技术理论课教师和实习指导教师总数应不低于教师总数的70%。技工学校教师应符合国家规定学历要求，专任教师应具备相应的教师资格。技术理论课教师至少具备相关专业初级技能职业资格。其中，具备中级技能以上职业资格的应不低于30%。实习指导教师应具备相关专业高级技能以上职业资格。

（6）经费保障。技工学校应具有与培养规模相适应的日常运行、基本建设、设备购置、师资培训等稳定可靠的办学经费保障。办学经费（含生均经费等）标准不低于当地同类学校标准。

此外，技工学校应配有与所设专业相配套的教学文件和教材。实习课时应不低于教学总课时的50%。并应建立校企合作办学制度。

→政策链接

《关于大力推进技工院校改革发展的意见》

《关于印发技工院校设置标准（试行）的通知》

小贴士

以上标准是技工学校初设的审批标准。对于边远贫困地区和特殊行业举办技工学校，培养规模和相应的办学条件要求可适当放宽。具体办法由各地省级人力资源和社会保障部门制定，报人力资源和社会保障部备案。

## 96. 高级技工学校的设置标准有哪些？

根据《高级技工学校设置标准（试行）》，高级技工学校培养适应现代化生产、服务需要的中、高级技工，同时面向社会开展各类职业技能培训和师资培训，并承担职业技能鉴定和就业服务等任务。高级技工学校在办学方向和办学模式等方面与普通技工学校是一致的，同样实行校长负责制。除此之外，申请设立高级技工学校还需要符合如下条件：

（1）举办高级技工学校，应符合当地产业发展规划和高技能人才队伍建设规划。申请设立高级技工学校应经过技工学校办学水平评估，并举办过两期以上高级技工培训班。

（2）领导班子。校长、教学副校长应具有本科以上学历，以及高级专业技术职务或高级技师职业资格，且校长应具有 5 年以上职业教育、职业培训或企业工作经历。

（3）培养规模。高级技工学校培养规模应达到4000 人以上。其中，学制教育在校生规模不低于 2000 人，年职业培训规模 2000 人次以上。设立高级技工学校 3 年内高级技工学制教育在校生规模应不低于 50%，高级技工以上年培训规模应不低于 800 人次。

（4）专业设置。高级技工学校专业设置应与区域经济发展紧密结合，适应新型工业化发展和产业优化升级的需要，适应社会和企业对高级技工的需求。常设高级技工专业不少于 4 个。

（5）硬件设施。一是高级技工学校校园占地面积不少于 6. 6 万平方米（约 100 亩），校舍建筑面积不少于 5 万平方米。其中，实习、实验场所建筑面积不少于 1. 5 万平方米。企业办校的占地面积、建筑面积可包括企业用于职工培训的相关场所面积。二是配备相应的实习、实验设备设施。其中，主要设备应达到国内先进水平，并保证每生有实习工位。实习、实验设备总值不少于1500万元。三是应具备完善的学生生活设施、体育设备设施等。其中，运动场地面积不少于6000平方米，要建有校园网站。

（6）教师队伍。高级技工学校应拥有一支与办学规模、专业设置和培养层次相适应的专兼职教师队伍。学制教育师生比不低于1∶20。兼职教师人数不得超过教师总数的三分之一。具有企业实践经验的教师应占教师队伍总数的20%以上。技术理论课教师和实习指导教师应不低于教师队伍总数的70%，理论实习教学一体化教师达到技术理论课教师和实习指导教师总数的50%以上。高级技工学校教师具备中级技能以上职业资格的，要达40%以上。实习指导教师应具备相关职业高级技能以上职业资格。其中，具备高级实习指导教师职务或技师、高级技师职业资格的占45%以上。

此外，高级技工学校应结合专业设置选择生产设备先进、技术处于同行业领先水平的企业合作，共建校内外生产实习基地。每一个高级技工专业应有3个以上合作企业。

→政策链接

《关于大力推进技工院校改革发展的意见》

《关于印发技工院校设置标准（试行）的通知》

小贴士

与技工学校一样，以上标准作为高级技工学校初设审批标准，对于边远贫困地区和特殊行业举办高级技工学校，培养规模和相应的办学条件要求可适当放宽。具体办法由省级人力资源和社会保障部门制定，报人力资源和社会保障部备案。

### 97. 设立技师学院应符合哪些标准？

技师学院重点培养适应现代化生产、服务需要的高级技工、预备技师，同时面向社会开展各类职业技能培训和师资培训，并承担企业技师和高级技师的提升培训与研修交流、考核鉴定与评价等任务。

根据《技师学院设置标准（试行）》的规定，除与技工学校、高级技工学院相同的设置标准要求外，设立技师学院还需要符合如下标准：

（1）申请设立技师学院原则上应具备高级技工学校资格，并经过办学水平评估，且举办过两期以上技师培训班。

（2）领导班子。院长、教学副院长应具有本科以上学历，以及高级专业技术职务或高级技师职业资格，且院长应具有5年以上职业教育、职业培训或企业工作经历。

（3）培养规模。技师学院培养规模应达到5000人以上。其中，学制教育在校生规模不低于3000人，年职业培训规模2000人次以上。设立技师学院3年内高级技工、预备技师（技师）在校生规模不低于60%，高级技工、技师、高级技师年培训规模不低于1000人次。

（4）专业设置。技师学院专业设置应与区域经济发展紧密结合，适应新型工业化发展和产业优化升级的需要，适应社会和企业对高级技工、技师和高级技师的需求。常设预备技师（技师）专业不少于2个。

（5）硬件设施。一是校园占地面积不少于10万平方米（约150亩），校舍建筑面积不少于8万平方米。其中，实习、实验场所建筑面积不少于2.5万平方米。企业办校的占地面积、建筑面积可包括企业用于职工培训的相关场所面积。二是应配备与办学规模、办学层次、专业设置相适应，具有国内领先水平的实习、实验设备设施，并保证每生有实习工位。实习、实验设备总值不少于4000万元。三是应具备相应的学生生活设施、体育设备设施等，运动场地面积不少于1万平方米，并建有校园网站。

（6）教师队伍。学制教育师生比不低于1∶18。兼职教师人数不得超过教师总数的三分之一。具有企业实践经验的教师应占教师队伍总数的25%以上。技术理论课教师和实习指导教师应不低于教师队伍总数的70%。理论实习教学一体化教师达到技术理论课教师和实习指导教师总数的60%以上。具备中级技能以上职业资格的教师应达60%以上。实习指导教师具备高级实习指导教师职务或技师、高级技师职业资格的占50%以上。

技师学院应结合专业设置选择生产设备先进、技术处于同行业领先水平的企业合作，共建校内外生产实习基地。每个预备技师（技师）、高级技工专业应有5个以上合作企业。

→政策链接

《关于大力推进技工院校改革发展的意见》

《关于印发技工院校设置标准（试行）的通知》

小贴士

同样，以上标准作为技师学院初设审批标准，对于边远贫困地区和特殊行业举办技师学院，培养规模和相应的办学条件要求可适当放宽。具体办法由省级人力资源和社会保障部门制定，报人力资源和社会保障部备案。



## 98. 什么是职业学校？

职业学校是承担学历性职业教育任务的机构，分为初等职业学校、中等职业学校和高等职业学校。

（1）初等职业学校。初等职业学校是在完成小学教育的基础上实行的职业学校教育。我国的《义务教育法》规定，国家实行九年制义务教育，这是提高国民素质和整个民族文化素质的要求，各级政府应当保证九年制义务教育的实行。我国绝大多数地区能够实现九年制义务教育，但是在一些老少边穷地区，实行九年制义务教育有一定困难，因此，在完成小学教育以后，可以通过举办初等职业中学，进行职业学校教育，为当地培养实用人才。

（2）中等职业学校。中等职业学校是在完成初中教育的基础上实行职业教育的学校。我国中等职业学校共有四类：一是中等专业学校（简称“中专”）主要招收初中毕业生，学制一般三年。传统的培养目标是中级技术人员、管理人员和小学教师。改革开放以来，培养目标已扩大到各类技能型人才。二是技工学校（简称“技校”）主要招收初中毕业生，学制以三年为主，培养目标是中、初级技术工人。三是职业高级中学（简称“职业高中”、“职高”）在改革教育结构的基础上发展起来的中等职业学校，大部分由普通中学改建而成，一般招收初中毕业生，学制以三年为主。培养目标与中等专业学校和技工学校类似，以生产服务一线的操作人员为主。四是成人中等专业学校（简称“成人中专”）改革开放以后发展起来的中等职业学校，最早定位是把有初中文化程度的成年人（主要是在职人员）培养成中等技术人员。学制二年或三年。

（3）高等职业学校。高等职业学校是在完成高中教育的基础上实行职业教育的高校。高等职业学校简称“高职”，是实施高等职业教育的普通高校。招生对象是普通高中毕业生和具有与高中同等学历的人员，基本学制为三年。高等职业教育是在专科教育阶段进行的职业教育，是我国高等职业教育的主体。其定位是在完全中等教育的基础上培养出一批具有大学知识，而又有一定专业技术和技能的人才，其知识的讲授是以能用为度，实用为本。高等职业学校在对学生进行专科程度文化知识教育的同时，根据职业岗位的要求有针对性地实施职业知识与职业技能教育。我国高等职业学校只有一类：职业技术学院，是中国高等院校的一级学院，等同于高等专科学校，并逐渐开始取代高等专科学校。以高等职业教育为主要内容，在大学录取顺序中为统招第四批、普通专升本招生，也是“三校生”（职业高中、中等专业学校、技工学校）单考单招的录取院校，同时一些普通高校专升本的教学工作也安排在普通大学职业技术学院。职业技术学院是地方性的高等院校，在没有地方性大学或学院覆盖的地方作为筹备地方大学而存在，也可以作为地方性大学或学院的补充。

→法条链接

《职业教育法》第十七条至第二十一条

## 99. 什么人可以举办职业学校和职业培训机构?

根据《职业教育法》的规定，可以举办职业学校和职业培训机构的有：

（1）县级以上地方各级人民政府。县级以上地方各级人民政府应当举办发挥骨干和示范作用的职业学校、职业培训机构，对农村、企业、事业组织、社会团体、其他社会组织及公民个人依法举办的职业学校和职业培训机构给予指导和扶持。县级人民政府应当适应农村经济、科学技术、教育统筹发展的需要，举办多种形式的职业教育，开展实用技术的培训，促进农村职业教育的发展。

（2）政府主管部门、行业组织。政府主管部门、行业组织应当举办或者联合举办职业学校、职业培训机构，组织、协调、指导本行业的企业、事业组织举办职业学校、职业培训机构。

（3）企业。企业举办职业教育的对象主要是本企业职工或拟录用的职工。企业应当根据本单位的实际，有计划地对本单位的职工和准备录用的人员实施职业教育。企业可以单独举办或者联合举办职业学校、职业培训机构，也可以委托学校、职业培训机构对本单位的职工和准备录用的人员实施职业教育。

（4）事业组织、其他组织及公民个人。发展职业教育不能仅仅依靠国家，它是全社会共同的事情，需要全社会共同参与才能办好。国家鼓励事业组织、社会团体、其他社会组织及公民个人按照国家有关规定举办职业学校、职业培训机构。

（5）境外的组织和个人。境外的组织和个人也可以在中国境内举办职业学校、职业培训机构。境外的组织和个人在中国境内举办职业学校、职业培训机构的办法，由国务院规定。

→法条链接

《职业教育法》第十七条至第二十一条

小贴士

我国的职业教育还比较落后，与经济发展对职业教育的要求有一定距离。职业教育还主要依靠政府投入，虽然政府对职业教育的财政投入每年都有增加，但仍不能适应经济和社会发展对职业教育的需要，仅靠政府举办职业教育还不够，需要社会各方面的广泛参与。因此，《职业教育法》规定了政府和社会各方面广泛参与的办学体制。

## 100. 设立职业学校需要符合什么条件?

根据《职业教育法》第二十四条的规定，职业学校的设立，必须符合下列基本条件：

（1）有组织机构和章程；

（2）有合格的教师；

（3）有符合规定标准的教学场所、与职业教育相适应的设施、设备；

（4）有必备的办学资金和稳定的经费来源。

→法条链接

《职业教育法》第二十四条

小贴士

职业学校的设立、变更和终止，应当按照国家有关规定执行。职业学校实施职业教育应当实行产教结合，为本地区经济建设服务，与企业密切联系，培养实用人才和熟练劳动者。职业学校可以举办与职业教育有关的企业或者实习场所。

## 101. 设立职业培训机构需要符合什么条件?

根据《职业教育法》第二十四条的规定，职业培训机构的设立，必须符合下列基本条件：

（1）有组织机构和管理制度；

（2）有与培训任务相适应的教师和管理人员；

（3）有与进行培训相适应的场所、设施、设备；

（4）有相应的经费。

→法条链接

《职业教育法》第二十四条

小贴士

职业培训机构的设立、变更和终止，应当按照国家有关规定执行。职业培训机构实施职业教育应当实行产教结合，为本地区经济建设服务，与企业密切联系，培养实用人才和熟练劳动者。职业培训机构可以举办与职业教育有关的企业或者实习场所。



## 102. 什么是就业训练中心？

就业训练中心是指劳动部门为城镇失业人员和其他求职人员提高职业技能、增强就业能力而举办的职业技术教学实体。它包括劳动部门举办的职业技术学校和职业技术培训中心。培训对象主要是失业青年和失业职工。就业训练中心组织就业前训练和转业训练，多以实用技术和适应性培训为主，学制灵活，少到1—3个月，多到6—12个月。截至2001年，全国共有就业训练中心3571所，就业训练人次数476万人，结业人数463万人，就业人数280万人。

→政策链接

《关于开展就业训练中心评估工作的通知》

《关于建立全国重点就业训练中心评估认定制度的通知》

《关于公布全国重点就业训练中心名单的通知》

小贴士

从1996年起，建立了每两年进行一次的全国重点就业训练中心评估认定制度。1999年，原劳动和社会保障部认定了171所全国重点就业训练中心，其中批准北京市劳动和社会保障局培训中心等 47 所就业训练中心为全国重点就业训练中心；重新认定北京市丰台区职业技术学校等 124 所就业训练中心为全国重点就业训练中心。

### 103. 什么是社会力量办学？

社会力量办学是企业组织、社会团体及其他社会组织和公民个人利用非国家财政性教育经费，面向社会举办的培训机构，社会力量办学主要实施以职业技能培训为主的职业资格培训、技术等级培训、劳动就业职业技能培训。2002 年 12 月 28 日，第九届全国人民代表大会常务委员会第三十一次会议通过了《民办教育促进法》，对国家机构以外的社会组织或者个人，利用非国家财政性经费，面向社会举办学校及其他教育机构的活动进行了具体规范。该法已经自 2003 年 9 月 1 日起施行。

→法条链接

《民办教育促进法》第一条至第八条

小贴士

根据《民办教育促进法》的规定，民办教育事业属于公益性事业，是社会主义教育事业的组成部分。民办学校与公办学校具有同等的法律地位，国家保障民办学校的办学自主权，保障民办学校举办者、校长、教职工和受教育者的合法权益。国家对民办教育实行积极鼓励、大力支持、正确引导、依法管理的方针。国务院教育行政部门负责全国民办教育工作的统筹规划、综合协调和宏观管理。国务院劳动和社会保障行政部门及其他有关部门在国务院规定的职责范围内分别负责有关的民办教育工作。

### 104. 设立民办培训学校需要具备哪些条件？

根据《民办教育促进法》的规定，举办实施以职业技能为主的职业资格培训、职业技能培训的民办学校，由县级以上人民政府劳动和社会保障行政部门按照国家规定的权限审批，并抄送同级教育行政部门备案。设立条件主要包括：

（1）举办民办学校的社会组织，应当具有法人资格。举办民办学校的个人，应当具有政治权利和完全民事行为能力。民办学校应当具备法人条件。

（2）设立民办学校应当符合当地教育发展的需求，具备教育法和其他有关法律、法规规定的条件。民办学校的设置标准参照同级同类公办学校的设置标准执行。

→法条链接

《民办教育促进法》第八条至第十二条

小贴士

设立民办学校一般需要先向审批机关申请筹设，经审批机关批准后，再申请正式设立民办学校。同时法律规定，具备办学条件，达到设置标准的，也可以直接申请正式设立。

## 105. 申请筹设民办学校，举办者应当向审批机关提交哪些材料？

申请筹设民办学校，举办者应当向审批机关提交下列材料：

（1）申办报告，内容应当主要包括：举办者、培养目标、办学规模、办学层次、办学形式、办学条件、内部管理体制、经费筹措与管理使用等；

（2）举办者的姓名、住址或者名称、地址；

（3）资产来源、资金数额及有效证明文件，并载明产权；

（4）属捐赠性质的校产须提交捐赠协议，载明捐赠人的姓名、所捐资产的数额、用途和管理方法及相关有效证明文件。

→法条链接

《民办教育促进法》第十二条、第十三条

小贴士

审批机关应当自受理筹设民办学校的申请之日起三十日内以书面形式作出是否同意的决定。同意筹设的，发给筹设批准书。不同意筹设的，应当说明理由。筹设期不得超过三年。超过三年的，举办者应当重新申报。

## 106. 申请正式设立民办学校的，举办者应当向审批机关提交哪些材料？

申请正式设立民办学校的，举办者应当向审批机关提交下列材料：（1）筹设批准书；（2）筹设情况报告；（3）学校章程、首届学校理事会、董事会或者其他决策机构组成人员名单；（4）学校资产的有效证明文件；（5）校长、教师、财会人员的资格证明文件。

如果申请者具备办学条件，达到设置标准的，可以直接申请正式设立，并应当提交申请筹设民办学校的所有材料以及上述第（3）、（4）、（5）项材料。

→法条链接

《民办教育促进法》第十四条、第十六条、第十七条

小贴士

申请正式设立民办学校的，审批机关应当自受理之日起三个月内以书面形式作出是否批准的决定，并送达申请人；其中申请正式设立民办高等学校的，审批机关也可以自受理之日起六个月内以书面形式作出是否批准的决定，并送达申请人。审批机关对批准正式设立的民办学校发给办学许可证。审批机关对不批准正式设立的，应当说明理由。

## 107. 民办学校非法颁发或者伪造培训证书、职业资格证书要承担什么责任?

根据《民办教育促进法》规定，民办学校有下列行为之一的，由审批机关或者其他有关部门责令限期改正，并予以警告；有违法所得的，退还所收费用后没收违法所得；情节严重的，责令停止招生、吊销办学许可证；构成犯罪的，依法追究刑事责任：（1）擅自分立、合并民办学校的；（2）擅自改变民办学校名称、层次、类别和举办者的；（3）发布虚假招生简章或者广告，骗取钱财的；（4）非法颁发或者伪造学历证书、结业证书、培训证书、职业资格证书的；（5）管理混乱严重影响教育教学，产生恶劣社会影响的；（6）提交虚假证明文件或者采取其他欺诈手段隐瞒重要事实骗取办学许可证的；（7）伪造、变造、买卖、出租、出借办学许可证的；（8）恶意终止办学、抽逃资金或者挪用办学经费的。

→法条链接

《民办教育促进法》第六十一条、第六十二条

小贴士

民办学校在教育活动中违反《教育法》、《教师法》规定的，依照《教育法》、《教师法》的有关规定给予处罚。

## 108. 社会组织和个人擅自举办民办学校的，要承担什么责任?

根据《民办教育促进法》的规定，社会组织和个人擅自举办民办学校的，由县级以上人民政府的有关行政部门责令限期改正，符合本法及有关法律规定的民办学校条件的，可以补办审批手续；逾期仍达不到办学条件的，责令停止办学，造成经济损失的，依法承担赔偿责任。

→法条链接

《民办教育促进法》第六十三条、第六十四条

小贴士

法律还规定，审批机关和有关部门如果批准不符合本法规定条件申请的或者疏于管理造成严重后果的，由上级机关责令其改正；情节严重的，对直接负责的主管人员和其他直接责任人员，依法给予行政处分；造成经济损失的，依法承担赔偿责任；构成犯罪的，依法追究刑事责任：

## 109. 国家对综合性职业培训基地有什么基本要求？

为使职业培训工作更好地适应劳动力市场的发展，针对劳动者就业的需要开展多层次、多形式的培训，并促进培训与就业紧密结合，原劳动部在 1996 年决定选择一批管理能力强、培训规模大、办学质量高的政府部门主办的重点技工学校和就业训练中心，率先进行综合性职业培训基地（以下简称综合基地）的建设的试点工作。根据相关规定，综合性职业培训基地（以下简称“综合基地”）试点工作应按以下要求实施：

（1）具备良好的工作基础。试点单位必须是省级以上重点技工学校和重点就业训练中心，具有相应的管理能力、办学规模和较高的培训质量。

（2）确立工作目标。通过进一步深化办学体制改革，扩大培训规模，利用现有办学条件和挖掘师资、设施设备等方面的潜力，将学校或中心建成兼有职业需求调查、职业培训、职业技能鉴定、职业指导并与职业介绍紧密联系的多功能的综合基地，充分体现培训与就业相结合、培训为就业服务的功能，并发挥示范和辐射作用。

（3）扩展培训对象。应按劳动者通过市场实现竞争就业和自主就业的要求，将就业前培训和在职培训结合起来，确定培训对象。要在承担原有培训各类技能人才任务的同时，配合再就业工程和农村劳动力跨地区流动有序化工程的实施，加强对企业下岗人员、长期失业人员的转岗、转业培训和开展在职职工培训，同时为乡镇企业和进城务工的农村劳动者提供培训。

（4）搞活培训形式。应根据劳动力市场需求变化设置专业，实行灵活的办法方式。培训层次上采取初、中、高级技能培训相结合；适应性培训期限宜长则长，宜短则短，既可全日制、也可采取部分时间制；培训规格上可将学历教育和非学历教育相结合。通过联合办学、开展电视、电化教学、函授等多种形式，扩大培训规模，实现向全社会开放办学。

（5）改革招生办法。综合基地招生工作可采取统一招生和自行招生相结合的办法进行，自行招生考试可根据培养目标要求和学员相应的文化程度，进行职业能力测试或免试入学。

（6）开展职业指导。聘请职业指导教师，开设职业指导课，对学员求职、择业予以指导，采用模拟教学、社会实践等多种手段，使学员全面了解职业，发展职业兴趣和职业能力，形成正确的职业观，并掌握一定的求职技巧、择业决策方面的知识，增强学员在劳动力市场中的竞争意识和适应能力。

（7）提供一体化服务。综合基地应根据就业需求信息指导受培者选择学习专业，同时，将毕（结）业生信息输入职业介绍的人才信息库，积极推荐介绍就业。具备条件的，可按规定经批准设立职业技能鉴定站和由职业介绍机构派出的内部职业介绍站，为受培者同时提供职业培训、职业技能鉴定、职业介绍等服务。

（8）加强师资队伍建设和教学改革。综合基地要加强生产实习指导教师的培养，生产实习指导教师不足的可在本地区聘请工程技术人员、技师和高级技能人才担任兼职教师。要积极进行教学改革试点和教材开发等项工作，重点开发模块式培训教材，保证培训需要。

（9）建立咨询机构。综合基地应建立咨询委员会，聘请当地产业界、经济界人士及政府有关部门人员任咨询委员，定期召开咨询委员会议，及时了解本地区经济发展、产业结构调整和企业用人需求等信息，听取和采纳咨询委员的指导意见，为确定培训方向和教学计划提供依据。

（10）促进学校（中心）上档次、上水平。综合基地年培训能力达5000人次以上、专业种类多、能承担高技能人才培养的，可发展为技术学院，按学校审批程序办理更名事宜。

→政策链接

《关于进行综合性职业培训基地建设有关事项的通知》

小贴士

综合基地所在地区劳动部门要建立以职业技能开发和就业服务机构为主、其他有关机构参与的协调工作机制，统筹规划在技工学校、就业训练中心建立综合基地的工作，使其在承担原有培训任务的同时，实现资源共享、优势互补，提高培训规模与效益。

# 八、培训费用哪里来

### 110. 什么是就业经费，可以用于哪些开支？

根据财政部、劳动和社会保障部 1999 年发布的《关于加强就业经费管理工作的通知》，就业经费是各级财政预算安排及按国家有关规定筹集的，用于支持和促进就业工作开展的专项资金，任何部门和单位不得改变就业经费的性质和用途，不得用于与就业工作无关的其他支出。就业经费的开支范围包括：

（1）城镇就业补助费，包括劳动力市场建设费、就业训练费、业务费和其他费用。清理回收的原扶持生产资金要全部转作劳动力市场建设费，其中地方借用的中央级扶持生产周转金要尽快归还劳动保障部后转作劳动力市场建设费。其中，劳动力市场建设费主要用于劳动力市场信息网络及相关设施建设和网络通讯、数据处理、技术指导培训等正常运行维护支出，公共职业介绍机构免费服务等方面的业务开支。就业训练费主要用于城镇失业人员就业培训和实施劳动预备制度的城镇青年培训补助支出。业务费主要用于开展就业工作所需的业务费用，如宣传费、培训费、小型专业会议费等。其他费用主要用于就业服务机构的补助和开展就业工作确需支付的其他费用。

（2）再就业补助费。主要用于国有企业下岗职工开展就业指导、职业介绍、就业培训的补助支出以及为开展再就业工作所需的其他支出。

→政策链接

《关于加强就业经费管理工作的通知》

小贴士

就业经费财务管理应严格执行国家有关法律、法规和财务规章制度，坚持分级管理、分级负担、勤俭节约、量入为出的原则。各级劳动保障部门的财务部门负责就业经费的统一归口管理，包括就业经费预、决算的编报，经费开支计划的审核，经费使用情况的监督检查，以及各项行政事业性收费收入的归集上缴等项工作。各级劳动保障部门及其所属的就业服务机构，要按照国家有关规定，将各项行政事业性收费收入纳入财政预算或财政专户，实行“收支两条线”管理。

## 111. 什么是企业职工教育培训？

企业职工教育培训是我国教育和人才工作的重要组成部分，是实施科教兴国战略、人才强国战略和加强人力资源能力建设的重要途径。

企业职工教育培训的主要内容有：政治理论、职业道德教育；岗位专业技术和职业技能培训以及适应性培训；企业经营管理人员和专业技术人员继续教育；企业富余职工转岗转业培训；根据需要对职工进行的各类文化教育和技术技能培训。

→政策链接

《国务院关于大力推进职业教育改革与发展的决定》

《关于企业职工教育经费提取与使用管理的意见》

小贴士

加强职工教育培训工作，加快培养创新型人才和专业化高技能人才，带动企业职工整体素质的提高，是企业的重要职责；企业专业技术人员继续教育工作是企业职工教育培训的重要内容，对于提高企业专业技术人员整体素质和创新能力，提高企业的科研技术水平、自主创新能力和核心竞争力，发挥着关键作用。

## 112. 什么是企业职工教育培训经费？可以用于哪些支出？

企业职工教育培训经费是指企业按工资总额的一定比例提取用于职工教育事业的一项费用，是企业为职工学习先进技术和提高文化水平而支付的费用。企业职工教育培训经费列支范围包括：

（1）上岗和转岗培训；

（2）各类岗位适应性培训；

（3）岗位培训、职业技术等级培训、高技能人才培训；

（4）专业技术人员继续教育；

（5）特种作业人员培训；

（6）企业组织的职工外送培训的经费支出；

（7）职工参加的职业技能鉴定、职业资格认证等经费支出；

（8）购置教学设备与设施；

（9）职工岗位自学成才奖励费用；

（10）职工教育培训管理费用；

（11）有关职工教育的其他开支。

此外，以下费用也可以众职工教育培训经费中支出：一是经单位批准或按国家和省、市规定必须到本单位之外接受培训的职工，与培训有关的费用由职工所在单位按规定承担。二是经单位批准参加继续教育以及政府有关部门集中举办的专业技术、岗位培训、职业技术等级培训、高技能人才培训所需经费，可从职工所在企业职工教育培训经费中列支。三是矿山和建筑企业等聘用外来农民工较多的企业，以及在城市化进程中接受农村转移劳动力较多的企业，对农民工和农村转移劳动力培训所需的费用，可从职工教育培训经费中支出。

需要注意，以下费用不得使用职工教育培训经费：一是企业职工参加社会上的学历教育以及个人为取得学位而参加的在职教育，所需费用应由个人承担，不能挤占企业的职工教育培训经费。二是对于企业高层管理人员的境外培训和考察，其一次性单项支出较高的费用应从其他管理费用中支出，避免挤占日常的职工教育培训经费开支。

企业要保证经费专项用于职工特别是一线职工的教育和培训，严禁挪作他用。根据规定，职工教育培训经费的60%以上应用于企业一线职工的教育和培训。

→法条链接

《劳动法》第六十八条

《关于印发〈关于企业职工教育经费提取与使用管理的意见〉的通知》

小贴士

企业的职工教育培训经费提取、列支与使用必须严格遵守国家有关财务会计和税收制度的规定。职工教育培训经费必须专款专用，面向全体职工开展教育培训，特别是要加强各类高技能人才的培养。

## 113. 企业职工教育培训经费的提取比例是多少?

根据《国务院关于大力推进职业教育改革与发展的决定》（国发〔2002〕16号）规定，“一般企业按照职工工资总额的1.5%足额提取教育培训经费，从业人员技术要求高、培训任务重、经济效益较好的企业，可按2.5%提取，列入成本开支”。

→政策链接

《国务院关于大力推进职业教育改革与发展的决定》

《关于企业职工教育经费提取与使用管理的意见》

小贴士

企业新建项目，应充分考虑岗位技术技能要求、设备操作难度等因素，按照国家规定的相关标准，在项目投资中列支技术技能培训费用。企业进行技术改造和项目引进、研究开发新技术、试制新产品，应按相关规定从项目投入中提取职工技术技能培训经费，重点保证专业技术骨干、高技能人才和急需紧缺人才培养的需要。此外，企业工会年度内按规定留成的工会经费中，应有一定部分用于职工教育与培训，列入工会预算掌握使用。

## 114. 企业提取职工教育培训经费可否在税前扣除?

根据规定，企业应按规定提取职工教育培训经费，并按照计税工资总额和税法规定提取比例的标准在企业所得税税前扣除。当年结余可结转到下一年度继续使用。

→政策链接

《国务院关于大力推进职业教育改革与发展的决定》

《关于企业职工教育经费提取与使用管理的意见》

小贴士

按照国家统计局《关于工资总额组成的规定》(国家统计局1990年第1号令)，工资总额由计时工资、计件工资、奖金、津贴和补贴、加班加点工资、特殊情况下支付的工资六个部分组成。



## 115. 如何对企业职工教育培训经费的提取与使用进行监督?

根据相关规定，对企业职工教育培训经费的提取与使用包括以下方面:

(1) 企业工会有权参与监督企业职工教育培训经费的提取与使用。

(2) 企业职工代表大会或职工大会、企业审计等有关部门分别履行监督企业提取与使用职工教育培训经费的职责。

(3) 企业应将职工教育培训经费的提取与使用情况列为厂务公开的内容，向职工代表大会或职工大会报告，定期或不定期进行公开，接受职工代表的质询和全体职工的监督。

(4) 各级劳动保障、审计部门负责加强对企业职工教育培训经费提取与使用情况的监督，引导企业落实职工培训特别是高技能人才培训任务。

(5) 公众舆论依照国家有关法律法规实施监督，促进企业按要求承担职工教育与培训义务。

→法条链接

《工会法》第六条

《国务院关于大力推进职业教育改革与发展的决定》

《关于企业职工教育经费提取与使用管理的意见》

小贴士

《工会法》第六条规定，工会依照法律规定通过职工代表大会或者其他形式，组织职工参与本单位的民主决策、民主管理和民主监督。

### 116. 高校毕业生参加职业培训和技能鉴定可以享受哪些补贴?

2013 年 6 月 5 日，财政部、人力资源和社会保障部下发通知，要求各地落实好高校毕业生参加职业培训和技能鉴定的相关补贴政策，并规范资金的使用和管理。

通知规定，高校毕业生在毕业年度内（指毕业所在自然年，即 1 月 1 日至 12 月 31 日）参加就业技能培训，培训合格并通过职业技能鉴定取得初级以上职业资格证书（未颁布国家职业技能标准的职业应取得专项职业能力证书或培训合格证书）的，按规定给予培训补贴。企业新招收毕业年度高校毕业生签订 6 个月以上期限劳动合同，在劳动合同签订之日起 6 个月内开展岗前培训的，根据培训后继续履行劳动合同情况，按照当地确定的职业培训补贴标准的一定比例，对企业给予定额培训补贴。高校毕业生在毕业年度内参加创业培训和创业实训，取得创业培训合格证书的，按规定给予培训补贴。高校毕业生在毕业年度内通过初次职业技能鉴定并取得职业资格证书或专项职业能力证书的，按规定给予一次性职业技能鉴定补贴。

→政策链接

《关于做好技工学校国家助学金发放管理工作的通知》

《关于印发〈中等职业学校国家助学金管理暂行办法〉的通知》

小贴士

通知要求，各地加强高校毕业生职业培训工作，积极开展就业技能培训，广泛开展岗位技能提升培训，大力开展创业培训，加强培训信息引导，强化创业指导和创业服务，提供职业技能鉴定服务，落实职业培训补贴政策。

# 九、技能竞赛和技能人才评选表彰很丰富

## 117. 什么是中华技能大奖和全国技术能手评选表彰制度？

中华技能大奖和全国技术能手评选表彰是国家对全国优秀技术技能人才的奖励制度。1995 年，原劳动部发布了《关于建立“中华技能大奖”和“全国技术能手”评选、表彰制度的通知》（劳部发〔1995〕269 号），建立了“中华技能大奖”和“全国技术能手”评选表彰制度，以落实《劳动法》相关规定，加速培养大批具有优秀品质和高超技艺的技术工人和能工巧匠，将经济建设转移到依靠科技进步和提高劳动者素质的轨道上来。2000 年劳动和社会保障部门颁布了《中华技能大奖和全国技术能手评选表彰管理办法》，使这项制度更加规范化、法制化。

“大奖”和“能手”的表彰和奖励是我国政府对技术工人技术、技能水平的最高奖励，其获奖人员经过国家和省（行业）两级评审产生，是本行业申报职业（工种）最高技术水平的突出代表。这一制度的实行，对促进职业培训事业的发展，开发劳动者职业技能，提高劳动者素质，对在全社会营造尊重技能、尊重技能人才的良好氛围，都起到了积极的促进作用。截至 2012 年年底，已评选表彰“大奖”获得者 140 名、“能手”1719 名。

→法条链接

《劳动法》第六十六条

《中华技能大奖和全国技术能手评选表彰管理办法》第二条、第十条

小贴士

需要注意，此项活动的表彰范围和评选频率做过数次调整。在1995年建立时，为每年在全国范围内评选10名“大奖”获得者和100名“能手”。1998年后改为两年一次。2004年第七届表彰活动将“大奖”获得者增至20名、“能手”增至200名，另外还增设了“国家技能人才培育突出贡献奖”，对在技能人才培养方面作出贡献的单位予以表彰奖励。2000年《中华技能大奖和全国技术能手评选表彰管理办法》颁发后，规定全国范围的评选表彰活动每两年开展一次，每次评选表彰人数由劳动和社会保障部门确定。

## 118. 哪些人可以参加全国技术能手评选?

“大奖”和“能手”评选的职业（工种）范围为国家职业标准中设有高级（国家职业资格三级）以上等级的职业（工种）。凡中华人民共和国公民，具有良好的职业道德和敬业精神，已获得省（行业）级技术能手称号，且具有高级以上职业资格或同等资格，技术技能水平在国内本职业（工种）中有较大影响，并具备下列条件之一的可参加“能手”的评选：

（1）在本职业（工种）中具备较高技艺，并在培养徒弟，传授技术技能方面作出突出贡献的；

（2）在开展技术革新、技术改造活动中做出重要贡献，取得重大经济效益和社会效益的；

（3）在本企业、同行业中具有领先的技术技能水平，并在某一生产工作领域总结出先进的操作技术方法，取得重大经济效益和社会效益的；

（4）在开发、应用先进科学技术成果转化成现实生产力方面有突出贡献，并取得重大经济效益和社会效益的。

→法条链接

《劳动法》第六十六条

《中华技能大奖和全国技术能手评选表彰管理办法》第二条、第三条、第五条

小贴士

根据规定，“能手”候选人由用人单位申报，省级人民政府劳动保障行政部门和国务院行业主管部门劳动保障工作机构按照分配名额推荐。推荐能手候选人应提供申报表、事迹材料和经省级人民政府劳动保障行政部门或国务院行业主管部门劳动保障工作机构认定的证明材料。省级人民政府劳动保障行政部门和国务院行业主管部门劳动保障工作机构推荐“能手”候选人时，少数民族和妇女应占一定比例。

## 119. 哪些人可以参加中华技能大奖评选？

凡中华人民共和国公民，已获得“能手”称号，在本职业（工种）中的技术技能水平在国际国内有重要影响，并具备下列条件之一的可参加大奖的评选：

（1）在技术创新、攻克技术难关等方面做出突出贡献，并总结出独特的操作技术方法，产生重大经济效益和社会效益的；

（2）在本职业（工种）中，具备某种绝招绝技，并在带徒传艺方面作出突出贡献，在国际国内产生重要影响的；

（3）在推广应用先进技术等方面作出突出贡献的。

→法条链接

《劳动法》第六十六条

《中华技能大奖和全国技术能手评选表彰管理办法》第四条、第五条

小贴士

根据规定，“大奖”候选人由省级人民政府劳动保障行政部门和国务院行业主管部门劳动保障工作机构按照当年规定的推荐数额推荐。推荐“大奖”候选人应提供申报表、事迹材料和经省级人民政府劳动保障行政部门或国务院行业主管部门劳动保障工作机构认定的证明材料。省级人民政府劳动保障行政部门和国务院行业主管部门劳动保障工作机构推荐“大奖”候选人时，少数民族和妇女应占一定比例。

## 120. “大奖”和“能手”如何评审？

“大奖”和“能手”评选实行国家和省（行业）两级评审制。劳动和社会保障部门设立全国专家评审委员会，省级人民政府劳动保障行政部门和国务院行业主管部门劳动保障工作机构设立本省（行业）专家评审委员会。其中，省专家评审委员会负责本地区技术能手的评审工作，负责本地区向国家推荐“大奖”和“能手”候选人的初评审工作。行业专家评审委员会负责本行业技术能手的评审工作，负责本行业向国家推荐“大奖”和“能手”候选人的初评审及省推荐的同行业“大奖”候选人的复审工作。全国专家评审委员会负责对省（行业）初评审推荐的“大奖”和“能手”候选人终评审工作。

“大奖”和“能手”候选人由全国专家评审委员会委员评议表决，劳动和社会保障部门批准。

→法条链接

《劳动法》第六十六条

《中华技能大奖和全国技术能手评选表彰管理办法》第六条至第八条

小贴士

技术能手评选评审委员会由有关工程技术人员、专业管理人员等组成，其中，工程技术人员所占比例为三分之二。

## 121. “大奖”和“能手”获得者可获得哪些表彰和奖励?

（1）由劳动和社会保障部门授予“大奖”获得者和“能手”荣誉称号，进行表彰并颁发证书、奖章和奖金；

（2）“能手”称号获得者原具有高级（国家职业资格三级）职业资格，且本职业（工种）设有技师以上资格的，由省级人民政府劳动保障行政部门按照管理权限认定技师资格；“大奖”获得者原具有技师资格，且本职业（工种）设有高级技师资格的，由省级人民政府劳动保障行政部门按照管理权限认定高级技师资格。

→法条链接

《劳动法》第六十六条

《中华技能大奖和全国技术能手评选表彰管理办法》第九条、第十一条

小贴士

根据规定，参加国家级和国际职业技能竞赛活动，获得相应名次者，可按照劳动和社会保障部门有关规定直接授予“能手”称号。

## 122. 什么是世界技能大赛?

世界技能大赛由世界技能组织举办，是世界各国和地区职业技能展示交流的平台，被称为职业技能界的“奥林匹克”竞赛。该赛事每两年举行一次。中国于2010年正式加入世界技能组织，2011年首次派出代表团参加了第41届大赛。2013年，人力资源和社会保障部专门制定印发了《世界技能大赛参赛管理暂行办法》，以规范做好我国参加世界技能大赛组织管理工作。

→政策链接

《关于印发世界技能大赛参赛管理暂行办法的通知》

小贴士

第42届世界技能大赛于2013年7月2日在德国莱比锡开幕，中国派出26名选手参加其中22个项目的竞赛，最终中国队收获1银（胡已雪，美发），3铜（谢海波，数控铣，冼星文，制冷，王东东，印刷）及13个项目的优秀奖。第43届世界技能大赛将于2015年在巴西举行。第44届世界技能大赛将于2017年在阿联酋举行。

## 123. 我国如何确定参加世界技能大赛的哪些项目?

根据《世界技能大赛参赛管理暂行办法》的规定，我国参赛项目从世界技能组织正式公布的每一届世界技能大赛设置项目中选定。参赛项目的遴选标准为：（1）我国在项目所涉领域具有技术优势、队伍优势和基础条件优势；（2）覆盖行业较广、从业人员较多，对我国产业升级有引领作用，对技工教育和职业培训有促进作用；（3）竞赛成果可尽快转化为职业培训成果；（4）有关单位具有承担集训任务积极性。

→政策链接

《关于印发世界技能大赛参赛管理暂行办法的通知》

小贴士

人力资源和社会保障部作为我国在世界技能组织的代表，负责统筹管理我国参加世界技能大赛各项工作。人力资源和社会保障部设立世界技能大赛中国组委会，对参赛工作进行领导。组委会设秘书处、对外工作组、技术支持组、保障服务组、新闻宣传组。参赛项目的确定程序为技术支持组向秘书处提出参赛项目建议，秘书处召开专家论证会进行论证，提交组委会会议研究确定。

## 124. 参加世界技能大赛的选手如何选拔?

世界技能大赛参赛选手的具体选拔程序为：

（1）参赛集训选手一般采取举办全国性选拔赛的方式选拔。特殊情况下，也可采用其他方式进行选拔。

（2）全国性选拔赛的承办由省（区、市）人力资源社会保障部门或行业主管部门、行业协会、学会向组委会提出申请，经组委会会议研究确定。全国性选拔赛一般应与国内职业技能竞赛合并进行。

（3）全国性选拔赛的技术要求参照世界技能大赛标准。在注重先进性的前提下，可采用国内普遍使用的设备和工具。

（4）技术支持组会同承办单位提出选拔赛实施方案，提交组委会会议确定后组织实施。

（5）选拔赛原则上应根据参赛项目要求选拔出不少于参赛选手数量3倍的集训选手。

（6）经选拔产生的集训选手建议名单应与竞赛计分表原始件一起由选拔赛裁判组成员集体签字确认后报技术支持组。技术支持组复核后，报秘书处对建议名单进行初审，提交组委会会议研究确定，以组委会秘书处名义发文公布。

（7）采取严格按集训综合成绩分阶段淘汰的办法确定最终参赛选手建议人选，经组委会会议研究确定参赛选手。

（8）参赛选手所在地省（区、市）人力资源社会保障部门或行业主管部门负责对其进行政治思想品德和综合素质考核。

→政策链接

《关于印发世界技能大赛参赛管理暂行办法的通知》

小贴士

根据《世界技能大赛参赛管理暂行办法》的规定，参赛选手应当满足以下基本条件：热爱祖国，遵纪守法，有较高职业素养。心理素质稳定，身体健康，符合世界技能大赛年龄要求。具有参赛项目相关专业技能培训经历，技能水平突出，有一定外语基础。一般应具有参加国际或国内竞赛活动经验。

## 125. 推荐参加全国杰出专业技术人才和专业技术人才先进集体表彰应具备哪些条件?

根据国家规定，推荐全国杰出专业技术人才候选个人应具备如下条件:

（1）拥护中国共产党的领导，热爱社会主义祖国，认真贯彻执行党的路线、方针、政策，遵纪守法，具有努力拼搏、开拓创新、勇于攀登、无私奉献的精神，在同行中堪称楷模。

（2）解放思想、实事求是、爱岗敬业、艰苦奋斗，在我国科技、教育、文化、卫生、农业、国防等领域取得创新性成果，产生了良好的经济效益或社会效益，为中国特色社会主义建设作出了突出贡献。

（3）在科研生产第一线直接从事专业技术工作，先进事迹生动感人，有广泛的社会基础，为群众所公认。

推荐专业技术人才先进集体应具备如下条件:

（1）在我国科技、教育、文化、卫生、农业、国防等领域取得重要成果，产生重大的经济社会效益，作出突出贡献，在业内具有较大影响力。

（2）有合理的专业和年龄结构。集体中有具有优良道德品质和强烈创新精神、较高学术技术水平和研究创新能力、具备战略眼光、善于组织管理的带头人和一定数量的高水平研究创新骨干。

（3）建立科学的内部运行管理机制，倡导科学求实、勇于创新、甘于奉献的精神，努力营造生动、活泼、民主、团结，有较强凝聚力和战斗力的优秀团队。

→政策链接

《关于开展第五届“全国杰出专业技术人才”和“专业技术人才先进集体”表彰工作的通知》

小贴士

全国杰出专业技术人才和专业技术人才先进集体表彰工作由中共中央组织部、中共中央宣传部、人力资源社会保障部和科学技术部四部门共同举办，每五年举办一次。2014 年，四部门联合开展了第五届全国杰出专业技术人才和专业技术人才先进集体表彰工作，表彰了 99 名全国杰出专业技术人才和 96 个专业技术人才先进集体。

# 十、文书与图示

## ××省职业资格证书申领审核表

________年第____季度　　　　　　　　　　　　　　编号：

<table>
<tr><td>单位</td><td colspan="7"></td></tr>
<tr><td>详细地址</td><td colspan="7"></td></tr>
<tr><td>联系人</td><td colspan="2"></td><td colspan="2">邮政编码</td><td colspan="3"></td></tr>
<tr><td>联系电话</td><td colspan="2"></td><td colspan="2">手　　机</td><td colspan="3"></td></tr>
<tr><td>电子邮箱</td><td colspan="2"></td><td colspan="2">传　　真</td><td colspan="3"></td></tr>
<tr><td></td><td></td><td>初级</td><td>中级</td><td>高级</td><td>技师</td><td>高级技师</td><td>专项能力</td></tr>
<tr><td rowspan="2">本季度鉴定合格人数（人）</td><td>普通</td><td></td><td></td><td></td><td></td><td></td><td></td></tr>
<tr><td>统考</td><td></td><td></td><td></td><td></td><td></td><td></td></tr>
<tr><td rowspan="2">本季度证书计划申领数（本）</td><td>普通</td><td></td><td></td><td></td><td></td><td></td><td></td></tr>
<tr><td>统考</td><td></td><td></td><td></td><td></td><td></td><td></td></tr>
<tr><td>市级人力资源社会保障劳动鉴定中心意见</td><td colspan="7">领导签字（盖章）：<br>年　月　日</td></tr>
<tr><td colspan="8">以下栏由省中心填写</td></tr>
<tr><td>财务经办</td><td colspan="2"></td><td colspan="2">金额</td><td colspan="3"></td></tr>
<tr><td>综合审核</td><td colspan="7">签字　　　　年　月　日</td></tr>
<tr><td>证书发放</td><td colspan="7">签字　　　　年　月　日</td></tr>
<tr><td>备注</td><td colspan="7"></td></tr>
</table>

注：此表一式两份，省中心、申购单位各一份。

# ××省技能大师工作室申报表

申报单位 ______________________________

工作室名称 ______________________________

工作室工作领域 ______________________________

填报时间 ______________________________

<table>
<tr><td>领办（创办）人</td><td></td><td>性别</td><td></td><td>民族</td><td></td><td>政治面貌</td><td></td></tr>
<tr><td>工作单位</td><td colspan="5"></td><td>邮政编码</td><td></td></tr>
<tr><td>学历（学位）</td><td></td><td>参加工作时间</td><td></td><td colspan="2">从事职业（工种）</td><td colspan="2"></td></tr>
<tr><td>行政职务</td><td></td><td>职业资格</td><td></td><td>身份证号</td><td colspan="3"></td></tr>
<tr><td>通讯地址</td><td colspan="3"></td><td>联系电话</td><td colspan="3"></td></tr>
<tr><td rowspan="5">大师工作室<br>其他人员</td><td>姓名</td><td>职业资格</td><td>年龄</td><td colspan="4">突出业绩</td></tr>
<tr><td></td><td></td><td></td><td colspan="4"></td></tr>
<tr><td></td><td></td><td></td><td colspan="4"></td></tr>
<tr><td></td><td></td><td></td><td colspan="4"></td></tr>
<tr><td></td><td></td><td></td><td colspan="4"></td></tr>
<tr><td>领办人主要<br>工作业绩</td><td colspan="7"></td></tr>
<tr><td rowspan="6">领办人获奖情况</td><td>获奖项目</td><td>奖励名称</td><td>授予单位</td><td>等级</td><td>排名</td><td colspan="2">年度</td></tr>
<tr><td></td><td></td><td></td><td></td><td></td><td colspan="2"></td></tr>
<tr><td></td><td></td><td></td><td></td><td></td><td colspan="2"></td></tr>
<tr><td></td><td></td><td></td><td></td><td></td><td colspan="2"></td></tr>
<tr><td></td><td></td><td></td><td></td><td></td><td colspan="2"></td></tr>
<tr><td></td><td></td><td></td><td></td><td></td><td colspan="2"></td></tr>
<tr><td>申报单位对工<br>作室支持措施</td><td colspan="7"></td></tr>
<tr><td>今后工作<br>开展计划</td><td colspan="7"></td></tr>
<tr><td>单位意见</td><td colspan="7">（签字盖章）<br>年　月　日</td></tr>
<tr><td>市（区）人力资源社会保障局或省直单位意见</td><td colspan="7">（签字盖章）<br>年　月　日</td></tr>
</table>

职业培训小问答

# 2011年国务院决定取消的职业资格许可和认定事项目录

（共计11项）

| 序号 | 项目名称 | 实施部门（单位） | 其他共同实施部门 | 设定依据 | 处理决定 |
|---|---|---|---|---|---|
| 1 | 房地产经纪人 | 住房城乡建设部 | 人力资源社会保障部 | 《房地产经纪人员职业资格制度暂行规定》（人发〔2001〕128号） | 取消 |
| 2 | 注册税务师 | 税务总局 | 人力资源社会保障部 | 《注册税务师资格制度暂行规定》（人发〔1996〕116号） | 取消 |
| 3 | 质量专业技术人员 | 质检总局 | 人力资源社会保障部 | 《质量专业技术人员职业资格考试暂行规定》（人发〔2000〕123号） | 取消 |
| 4 | 土地登记代理人 | 国土资源部 | 人力资源社会保障部 | 《土地登记代理人职业资格制度暂行规定》（人发〔2002〕116号） | 取消 |
| 5 | 矿业权评估师 | 国土资源部 | 人力资源社会保障部 | 《矿业权评估师执业资格制度暂行规定》（人发〔2000〕82号） | 取消 |
| 6 | 国际商务专业人员 | 商务部 | 人力资源社会保障部 | 《国际商务专业人员职业资格制度暂行规定》（人发〔2002〕70号） | 取消 |
| 7 | 注册资产评估师 | 财政部 | 人力资源社会保障部 | 《注册资产评估师执业资格制度暂行规定》（人职发〔1995〕54号） | 取消 |

续　表

| 序号 | 项目名称 | 实施部门（单位） | 其他共同实施部门 | 设定依据 | 处理决定 |
|---|---|---|---|---|---|
| 8 | 企业法律顾问 | 国务院国资委 | 司法部、人力资源社会保障部 | 《企业法律顾问执业资格制度暂行规定》（人发〔1997〕26号） | 取消 |
| 9 | 建筑业企业项目经理 | 建设部 | 无 | 《建筑施工企业项目经理资质管理办法》（建建〔1995〕1号） | 取消 |
| 10 | 水利工程质量与安全监督员 | 水利部 | 无 | 《水利工程质量监督管理规定》（水建〔1997〕339号）《水利工程建设安全生产管理规定》（水利部令2005年第26号） | 取消 |
| 11 | 品牌管理师 | 中国商业联合会 | 无 | 《品牌管理专业人员技术条件（SB/T 10761－2012）》（商务部公告2012年第58号） | 取消 |

# 2014年国务院决定取消的职业资格许可和认定事项目录

（共计67项）

一、取消的专业技术人员职业资格许可和认定事项（共计26项，其中准入类14项，水平评价类12项）

| 序号 | 项目名称 | 实施部门（单位） | 资格类别 | 设定依据 | 处理决定 | 备注 |
|---|---|---|---|---|---|---|
| 1 | 土地估价师资格 | 国土资源部 | 准入类 | 《土地估价师资格考试管理办法》（国土资源部令2006年第35号） | 取消 | |
| 2 | 机动车驾驶员培训机构教学负责人、机动车驾驶员培训结业考核人员从业资格 | 交通运输部 | 准入类 | 《道路运输从业人员管理规定》（交通部令2006年第9号） | 取消 | |
| 3 | 公路水运工程试验检测人员资格 | 交通运输部 | 准入类 | 《公路水运工程试验检测管理办法》（交通部令2005年第12号） | 取消 | |
| 4 | 理货人员从业资格 | 交通运输部 | 准入类 | 《关于印发〈理货人员从业资格管理办法〉等三个办法的通知》（交水发〔2007〕575号） | 取消 | |

十、文书与图示

续表

| 序号 | 项目名称 | 实施部门（单位） | 资格类别 | 设定依据 | 处理决定 | 备注 |
|---|---|---|---|---|---|---|
| 5 | 水土保持监测人员上岗资格 | 水利部 | 准入类 | 《水土保持生态环境监测网络管理办法》（水利部令2000年第12号） | 取消 | |
| 6 | 拍卖行业从业人员资格 | 中国拍卖行业协会 | 准入类 | 《拍卖管理办法》（商务部令2004年第24号） | 取消 | 原实施单位为国资委管理的行业协会 |
| 7 | 机械工业质量管理咨询师 | 中国机械工业质量管理协会 | 准入类 | 《关于试行机械工业质量管理咨询诊断师证书的暂行规定》（84机质字242号） | 取消 | |
| 8 | 机械工业标准复核人员资格 | 中国机械工业标准化技术协会 | 准入类 | 《机械工业标准复核人员管理细则（试行）》（机科标〔1994〕38号） | 取消 | |
| 9 | 机械工业企业标准化人员资格 | 中国机械工业标准化技术协会 | 准入类 | 《关于开展机械工业企业标准化培训工作的通知》（机科标〔1995〕93号） | 取消 | |
| 10 | 出入境检验检疫报检员资格 | 质检总局 | 准入类 | 《国务院对确需保留的行政审批项目设定行政许可的决定》（国务院令第412号）《中华人民共和国进出口商品检验法实施条例》（国务院令第447号） | 取消 | |

续 表

| 序号 | 项目名称 | 实施部门（单位） | 资格类别 | 设定依据 | 处理决定 | 备注 |
|---|---|---|---|---|---|---|
| 11 | 外国证券类机构驻华代表机构首席代表资格核准 | 证监会 | 准入类 | 《国务院对确需保留的行政审批项目设定行政许可的决定》（国务院令第412号） | 取消 | |
| 12 | 保荐代表人资格 | 证监会 | 准入类 | 《国务院对确需保留的行政审批项目设定行政许可的决定》（国务院令第412号） | 取消 | |
| 13 | 保险公司精算专业人员资格认可 | 保监会 | 准入类 | 《中华人民共和国保险法》 | 取消 | |
| 14 | 保险公估机构高级管理人员任职资格核准 | 保监会 | 准入类 | 《国务院对确需保留的行政审批项目设定行政许可的决定》（国务院令第412号） | 取消 | |
| 15 | 注册企业培训师 | 国家发改委 | 水平评价类 | 无 | 取消 | 原由中国人力资源开发研究会具体实施 |
| 16 | 中国职业经理人 | 国家发改委 | 水平评价类 | 无 | 取消 | 原由中国人力资源开发研究会具体实施 |

续 表

| 序号 | 项目名称 | 实施部门（单位） | 资格类别 | 设定依据 | 处理决定 | 备注 |
|---|---|---|---|---|---|---|
| 17 | 商业企业价格人员岗位资格行业认证 | 国家发改委 | 水平评价类 | 《价格认证管理办法》（计价格〔1999〕1074号）《商业企业价格人员岗位资格行业认证办法（试行）》（发改价证认〔2004〕36号） | 取消 | 原由国家发改委价格认证中心具体实施 |
| 18 | 机械工业企业价格人员岗位资格行业认证 | 国家发改委 | 水平评价类 | 《价格认证管理办法》（计价格〔1999〕1074号）《全国机械工业企业价格人员岗位资格行业认证办法（试行）》（中机联人〔2006〕56号） | 取消 | 原由国家发改委价格认证中心具体实施 |
| 19 | 建设项目水资源论证上岗资格 | 水利部 | 水平评价类 | 《建设项目水资源论证管理办法》（水利部、国家发展计划委员会令2002年第15号）《水文水资源调查评价资质和建设项目水资源论证资质管理办法（试行）》（水利部令2003年第17号） | 取消 | |
| 20 | 内部审计人员岗位资格 | 审计署 | 水平评价类 | 《内部审计人员岗位资格证书实施办法》（中内协发〔2003〕22号）《审计署关于内部审计工作的规定》（审计署令2003年第4号） | 取消 | |

职业培训小问答

续　表

| 序号 | 项目名称 | 实施部门（单位） | 资格类别 | 设定依据 | 处理决定 | 备注 |
|---|---|---|---|---|---|---|
| 21 | 特许经营管理师 | 中国商业联合会 | 水平评价类 | 《特许经营管理师》协会标准（CGCC/Z0005 – 2007） | 取消 | 原实施单位为国资委管理的行业协会 |
| 22 | QC小组活动诊断师 | 中国机械工业质量管理协会 | 水平评价类 | 无 | 取消 | |
| 23 | 机械工业质量管理奖评审员 | 中国机械工业质量管理协会 | 水平评价类 | 无 | 取消 | |
| 24 | 知识产权管理工程师 | 国家知识产权局 | 水平评价类 | 无 | 取消 | |
| 25 | 金融理财师 | 原由中国人民银行中国金融教育发展基金会实施，2009年后由社会机构自行实施 | 水平评价类 | 无 | 取消 | |
| 26 | 国际金融理财师 | 原由中国人民银行中国金融教育发展基金会实施，2009年后由社会机构自行实施 | 水平评价类 | 无 | 取消 | |

二、取消的技能人员职业资格许可和认定事项（共计41项，其中准入类1项，水平评价类40项）

| 序号 | 项目名称 | 实施部门（单位） | 资格类别 | 设定依据 | 处理决定 | 备注 |
|---|---|---|---|---|---|---|
| 1 | 中央储备粮保管、检验、防治人员资格认定 | 国家粮食局 | 准入类 | 《中央储备粮管理条例》（国务院令第388号） | 取消 | |
| 2 | 长途电话交换机务员 | 工业和信息化部 | 水平评价类 | 《邮电通信行业职业技能标准（试行）》（邮部联〔1996〕515号）《关于颁发〈国家职业技能鉴定规范（邮电营业员等五十七职业）〉（考核大纲）的通知》（邮部联〔1996〕1060号） | 取消 | |
| 3 | 市内电话交换机务员 | 工业和信息化部 | 水平评价类 | 《邮电通信行业职业技能标准（试行）》（邮部联〔1996〕515号）《关于颁发〈国家职业技能鉴定规范（邮电营业员等五十七职业）〉（考核大纲）的通知》（邮部联〔1996〕1060号） | 取消 | |

续　表

| 序号 | 项目名称 | 实施部门（单位） | 资格类别 | 设定依据 | 处理决定 | 备注 |
|---|---|---|---|---|---|---|
| 4 | 邮电业务营销员 | 工业和信息化部 | 水平评价类 | 《邮电通信行业职业技能标准（试行）》（邮部联〔1996〕515号）《关于颁发〈国家职业技能鉴定规范（邮电营业员等五十七职业）〉（考核大纲）的通知》（邮部联〔1996〕1060号） | 取消 | |
| 5 | 割草机操作工 | 农业部 | 水平评价类 | 无 | 取消 | |
| 6 | 农产品加工机械操作工 | 农业部 | 水平评价类 | 无 | 取消 | |
| 7 | 农业技术推广员（水产） | 农业部 | 水平评价类 | 无 | 取消 | |
| 8 | 品种试验员 | 农业部 | 水平评价类 | 无 | 取消 | |
| 9 | 水稻直播机操作工 | 农业部 | 水平评价类 | 无 | 取消 | |
| 10 | 植物组织培养员 | 农业部 | 水平评价类 | 无 | 取消 | |
| 11 | 种子贮藏技术人员 | 农业部 | 水平评价类 | 无 | 取消 | |
| 12 | 健康教育指导师资格 | 国家卫生计生委 | 水平评价类 | 《全国健康教育与健康促进工作规划纲要（2005—2010年）》（卫妇社发〔2005〕11号） | 取消 | |

续 表

| 序号 | 项目名称 | 实施部门（单位） | 资格类别 | 设定依据 | 处理决定 | 备注 |
|---|---|---|---|---|---|---|
| 13 | 中国保健行业心理保健师资格 | 国家卫生计生委 | 水平评价类 | 无 | 取消 | |
| 14 | 中国保健行业营养保健师资格 | 国家卫生计生委 | 水平评价类 | 无 | 取消 | |
| 15 | 安全评价人员资格 | 安全监管总局 | 水平评价类 | 《安全评价人员资格登记管理规则》（安监总规划字〔2005〕108号） | 取消 | |
| 16 | 松香包装工 | 国家林业局 | 水平评价类 | 《中华人民共和国工种分类目录》（1992） | 取消 | |
| 17 | 木材搬运工 | 国家林业局 | 水平评价类 | 《中华人民共和国工种分类目录》（1992） | 取消 | |
| 18 | 挂杆复烤工 | 国家烟草局 | 水平评价类 | 《中华人民共和国职业分类大典》（1999） | 取消 | |
| 19 | 不间断电源机务员 | 中国民航局 | 水平评价类 | 《关于印发民航行业飞机维护机械员等79个工种〈国家职业技能鉴定规范〉的通知》（劳社培就司发〔1999〕60号） | 取消 | 民航行业已依照有关规章实施人员内部管理 |
| 20 | 测距设备机务员 | 中国民航局 | 水平评价类 | 《关于印发民航行业飞机维护机械员等79个工种〈国家职业技能鉴定规范〉的通知》（劳社培就司发〔1999〕60号） | 取消 | |

续 表

| 序号 | 项目名称 | 实施部门（单位） | 资格类别 | 设定依据 | 处理决定 | 备注 |
|---|---|---|---|---|---|---|
| 21 | 电话交换机机务员 | 中国民航局 | 水平评价类 | 《关于印发民航行业飞机维护机械员等 79 个工种〈国家职业技能鉴定规范〉的通知》（劳社培就司发〔1999〕60 号） | 取消 | 民航行业已依照有关规章实施人员内部管理 |
| 22 | 电讯材料员 | 中国民航局 | 水平评价类 | 《关于印发民航行业飞机维护机械员等 79 个工种〈国家职业技能鉴定规范〉的通知》（劳社培就司发〔1999〕60 号） | 取消 | |
| 23 | 二次雷达机务员 | 中国民航局 | 水平评价类 | 《关于印发民航行业飞机维护机械员等 79 个工种〈国家职业技能鉴定规范〉的通知》（劳社培就司发〔1999〕60 号） | 取消 | |
| 24 | 飞机（苏式）维护电气员 | 中国民航局 | 水平评价类 | 《关于印发民航行业飞机维护机械员等 79 个工种〈国家职业技能鉴定规范〉的通知》（劳社培就司发〔1999〕60 号） | 取消 | |
| 25 | 飞机（苏式）维护无线电、雷达员 | 中国民航局 | 水平评价类 | 《关于印发民航行业飞机维护机械员等 79 个工种〈国家职业技能鉴定规范〉的通知》（劳社培就司发〔1999〕60 号） | 取消 | |

续 表

| 序号 | 项目名称 | 实施部门（单位） | 资格类别 | 设定依据 | 处理决定 | 备注 |
|---|---|---|---|---|---|---|
| 26 | 飞机（苏式）维护仪表员 | 中国民航局 | 水平评价类 | 《关于印发民航行业飞机维护机械员等79个工种〈国家职业技能鉴定规范〉的通知》（劳社培就司发〔1999〕60号） | 取消 | 民航行业已依照有关规章实施人员内部管理 |
| 27 | 飞机电气修理工 | 中国民航局 | 水平评价类 | 《关于印发民航行业飞机维护机械员等79个工种〈国家职业技能鉴定规范〉的通知》（劳社培就司发〔1999〕60号） | 取消 | |
| 28 | 飞机机械附件修理工 | 中国民航局 | 水平评价类 | 《关于印发民航行业飞机维护机械员等79个工种〈国家职业技能鉴定规范〉的通知》（劳社培就司发〔1999〕60号） | 取消 | |
| 29 | 飞机结构修理工 | 中国民航局 | 水平评价类 | 《关于印发民航行业飞机维护机械员等79个工种〈国家职业技能鉴定规范〉的通知》（劳社培就司发〔1999〕60号） | 取消 | |
| 30 | 飞机气动、救生设备修理工 | 中国民航局 | 水平评价类 | 《关于印发民航行业飞机维护机械员等79个工种〈国家职业技能鉴定规范〉的通知》（劳社培就司发〔1999〕60号） | 取消 | |

续 表

| 序号 | 项目名称 | 实施部门（单位） | 资格类别 | 设定依据 | 处理决定 | 备注 |
| --- | --- | --- | --- | --- | --- | --- |
| 31 | 飞机维护电气员 | 中国民航局 | 水平评价类 | 《关于印发民航行业飞机维护机械员等79个工种〈国家职业技能鉴定规范〉的通知》（劳社培就司发〔1999〕60号） | 取消 | 民航行业已依照有关规章实施人员内部管理 |
| 32 | 飞行计划处理设备机务员 | 中国民航局 | 水平评价类 | 《关于印发民航行业飞机维护机械员等79个工种〈国家职业技能鉴定规范〉的通知》（劳社培就司发〔1999〕60号） | 取消 | |
| 33 | 归航机/指点标机机务员 | 中国民航局 | 水平评价类 | 《关于印发民航行业飞机维护机械员等79个工种〈国家职业技能鉴定规范〉的通知》（劳社培就司发〔1999〕60号） | 取消 | |
| 34 | 航管计算机外围设备机务员 | 中国民航局 | 水平评价类 | 《关于印发民航行业飞机维护机械员等79个工种〈国家职业技能鉴定规范〉的通知》（劳社培就司发〔1999〕60号） | 取消 | |
| 35 | 航管计算机硬件机务员 | 中国民航局 | 水平评价类 | 《关于印发民航行业飞机维护机械员等79个工种〈国家职业技能鉴定规范〉的通知》（劳社培就司发〔1999〕60号） | 取消 | |

续　表

| 序号 | 项目名称 | 实施部门（单位） | 资格类别 | 设定依据 | 处理决定 | 备注 |
| --- | --- | --- | --- | --- | --- | --- |
| 36 | 航空材料员 | 中国民航局 | 水平评价类 | 《关于印发民航行业飞机维护机械员等 79 个工种〈国家职业技能鉴定规范〉的通知》（劳社培就司发〔1999〕60 号） | 取消 | 民航行业已依照有关规章实施人员内部管理 |
| 37 | 航空电信报（话）务员 | 中国民航局 | 水平评价类 | 《关于印发民航行业飞机维护机械员等 79 个工种〈国家职业技能鉴定规范〉的通知》（劳社培就司发〔1999〕60 号） | 取消 | |
| 38 | 航空发动机附件修理工 | 中国民航局 | 水平评价类 | 《关于印发民航行业飞机维护机械员等 79 个工种〈国家职业技能鉴定规范〉的通知》（劳社培就司发〔1999〕60 号） | 取消 | |
| 39 | 航空发动机修理工 | 中国民航局 | 水平评价类 | 《关于印发民航行业飞机维护机械员等 79 个工种〈国家职业技能鉴定规范〉的通知》（劳社培就司发〔1999〕60 号） | 取消 | |
| 40 | 航管内话通信机务员 | 中国民航局 | 水平评价类 | 《关于印发民航行业飞机维护机械员等 79 个工种〈国家职业技能鉴定规范〉的通知》（劳社培就司发〔1999〕60 号） | 取消 | |

续 表

| 序号 | 项目名称 | 实施部门（单位） | 资格类别 | 设定依据 | 处理决定 | 备注 |
|---|---|---|---|---|---|---|
| 41 | 航空摄影测绘员 | 中国民航局 | 水平评价类 | 《关于印发民航行业飞机维护机械员等79个工种〈国家职业技能鉴定规范〉的通知》（劳社培就司发〔1999〕60号） | 取消 | 民航行业已依照有关规章实施人员内部管理 |

# 2014年开展物流师等6个职业
# 国家职业资格一级全国统一鉴定的职业

全国统一鉴定地区和职业范围一览表

| 序号 | 职业<br>省份 | 物流师 | 项目管理师 | 企业人力资源管理师 | 企业信息管理师 | 企业培训师 | 理财规划师 |
|---|---|---|---|---|---|---|---|
| 1 | 北京 | ★ | ★ | ★ | ★ | ★ | ★ |
| 2 | 天津 | ★ | — | ★ | — | ★ | ★ |
| 3 | 上海 | ★ | — | — | — | ★ | — |
| 4 | 河北 | ★ | ★ | ★ | — | ★ | ★ |
| 5 | 山西 | ★ | ★ | ★ | ★ | ★ | ★ |
| 6 | 内蒙古 | ★ | ★ | ★ | ★ | ★ | ★ |
| 7 | 辽宁 | ★ | ★ | ★ | ★ | ★ | ★ |
| 8 | 吉林 | ★ | — | ★ | ★ | ★ | ★ |
| 9 | 黑龙江 | — | — | ★ | — | — | — |
| 10 | 浙江 | ★ | ★ | ★ | — | ★ | — |
| 11 | 江苏 | — | ★ | ★ | — | — | ★ |
| 12 | 安徽 | ★ | — | ★ | — | ★ | ★ |
| 13 | 福建 | — | — | ★ | — | ★ | — |
| 14 | 江西 | ★ | ★ | ★ | ★ | ★ | ★ |
| 15 | 山东 | ★ | ★ | ★ | ★ | ★ | ★ |
| 16 | 河南 | ★ | ★ | ★ | ★ | ★ | ★ |
| 17 | 湖南 | ★ | ★ | ★ | ★ | ★ | ★ |

续　表

| 序号 | 职业<br>省份 | 物流师 | 项目管理师 | 企业人力资源管理师 | 企业信息管理师 | 企业培训师 | 理财规划师 |
|---|---|---|---|---|---|---|---|
| 18 | 广东 | ★ | ★ | ★ | — | ★ | ★ |
| 19 | 广西 | ★ | ★ | ★ | ★ | ★ | ★ |
| 20 | 海南 | ★ | ★ | ★ | ★ | ★ | — |
| 21 | 重庆 | ★ | ★ | ★ | ★ | ★ | ★ |
| 22 | 四川 | ★ | ★ | ★ | — | ★ | ★ |
| 23 | 贵州 | — | — | ★ | — | — | — |
| 24 | 云南 | ★ | ★ | ★ | ★ | ★ | ★ |
| 25 | 陕西 | ★ | ★ | ★ | — | ★ | ★ |
| 26 | 甘肃 | — | — | ★ | — | ★ | — |
| 27 | 青海 | ★ | — | ★ | — | ★ | ★ |
| 28 | 宁夏 | ★ | ★ | ★ | — | ★ | ★ |
| 29 | 新疆 | ★ | ★ | ★ | — | ★ | ★ |

注："★"栏对应的职业为同意该地区开展国家职业资格一级全国统一鉴定的职业。

# 中华技能大奖申报表

<table>
<tr><td>姓名</td><td></td><td>性别</td><td></td><td colspan="2" rowspan="4">照片</td></tr>
<tr><td>出生日期</td><td></td><td>民族</td><td></td></tr>
<tr><td>政治面貌</td><td></td><td>文化程度</td><td></td></tr>
<tr><td>职业（工种）名称</td><td></td><td>职业资格等级</td><td></td></tr>
<tr><td>参加工作时间</td><td></td><td>从事本职业（工种）时间</td><td></td><td>邮政编码</td><td></td></tr>
<tr><td>工作单位</td><td colspan="5"></td></tr>
<tr><td>身份证号码</td><td colspan="5"></td></tr>
<tr><td>通讯地址</td><td colspan="5"></td></tr>
<tr><td>联系电话（座机）</td><td colspan="2"></td><td>手机</td><td colspan="2"></td></tr>
<tr><td>电子邮箱</td><td colspan="5"></td></tr>
<tr><td colspan="6">主要经历</td></tr>
<tr><td>起止时间</td><td colspan="4">在何单位学习、工作</td><td>证明人</td></tr>
<tr><td></td><td colspan="4"></td><td></td></tr>
</table>

续　表

| 项目 | 内容 | 证明人或证明材料 |
| --- | --- | --- |
| 获得国家专利情况 | | |
| 荣获省部级以上科技进步奖情况 | | |
| 技术革新情况 | | |
| 其他绝招绝技或突出贡献 | | |
| 职业技能竞赛获奖情况 | | |

续　表

| 项目 | 内容 | 证明人或证明材料 |
| --- | --- | --- |
| 曾获得的荣誉称号 | | |
| 其他获奖情况 | | |
| 身份证复印件粘贴处 | | |
| 正面： | | |
| 背面： | | |

续　表

| 项目 | 内容 | 证明人或证明材料 |
| --- | --- | --- |
| 本人所在单位推荐意见 | 签字盖章<br>年　月　日 | |
| 省、自治区、直辖市行业主管部门意见 | 签字盖章<br>年　月　日 | |
| 省、自治区、直辖市人力资源保障部门意见 | 签字盖章<br>年　月　日 | |
| 国务院行业主管部门意见 | 签字盖章<br>年　月　日 | |
| 全国专家评审委员会意见 | 签字盖章<br>年　月　日 | |

**填表说明**

1. “姓名”栏填写本人身份证登记所用的姓名。

2. “单位”栏填写候选人所在基层工作单位全称。

**第一页**

1. “出生日期”栏填写应与身份证的出生年月日一致。

2. “政治面貌”栏应按国标填写，如“中共党员”、“中共预备党员”、“共青团员”、“民革会员”、“民盟盟员”、“民建会员”、“民进会员”、“农工党党员”、“致公党党员”、“九三学社社员”、“台盟盟员”、“无党派民主人士”、“群众”。

3. “文化程度”栏填写最终学历，如“研究生”、“大学本科”、“大学专科和专科学校”、“中等专业学校”、“技工学校”、“高中”、“初中”、“小学”。

4. “职业（工种）名称”栏应与职业资格证书中的（职业）工种相同。

5. “职业资格等级”栏应与职业资格证书一致，如高级技师、技师、高级工、中级工、初级工。

6. “参加工作时间”栏要如实填写至年月。

7. “从事本职业（工种）时间”栏要如实填写至年月。

8. “工作单位”栏由总公司名称逐级填写，要与“本人所在单位推荐意见”栏公章一致，务必填写全称。

9. “联系电话（座机)”栏填写本人办公室或车间电话，确保能够与本人取得联系（需要填写区号)。

10. “手机”栏填写候选人本人手机号码。

11. “电子邮箱”栏填写本人电子邮箱地址。

12. “主要经历”栏从取得的最高学历填起，起止时间要连续。

**第二页**

1. “获得国家专利情况”栏按时间由前至后填写，并依次注明时间、专利名称、专利号。

2. “荣获省部级以上科技进步奖情况”按时间顺序由先至后填写。

3. “技术革新情况”栏，填写除“获得国家专利情况”及“荣获省部级以上科技进步奖情况”栏填写内容外，其他的技术革新情况。

4. “其他绝招绝技或突出贡献”栏除“获得国家专利情况”及

"荣获省部级以上科技进步奖情况"栏填写内容外，其他绝招、绝技或突出贡献情况。

5. "职业技能竞赛获奖情况"栏依次按照竞赛级别由高至低填写，在国家级一、二类或省级一类职业技能竞赛决赛中获奖情况。

**第三页**

1. "曾荣获的荣誉称号"栏由最近一次填写，省部级或行业授予的荣誉称号（曾荣获"全国技术能手"称号的需要注明获得的方式，如在第几届评选表彰活动中或某年某项竞赛中荣获。

2. "其他获奖情况"栏填写上述未被列出的省部级或行业的获奖情况。

3. "身份证粘贴处"栏粘贴身份证复印件，要求复印件上的字迹、数字、照片清楚。

**第四页**

1. "本人所在单位推荐意见"栏由候选人所在基层工作单位签署意见并盖其行政公章。

2. 由各行业部门推荐的候选人，除各行业部门须在"国务院行业主管部门意见"栏签署意见并盖章之外，还需各省级行业部门在"省、自治区、直辖市、行业主管部门意见"栏签署意见并盖章。

3. 由省、自治区、直辖市推荐的候选人，请各地人力资源社会保障部门在"省、自治区、直辖市人力资源社会保障部门意见"栏签署意见并盖章。

4. 由有关中央企业推荐的候选人，请各有关中央企业在"国务院行业主管部门意见"栏签署意见并盖集团公司级公章。

**注意事项**

1. 申报表填写内容应经人事组织审核认可。

2. 一律用电脑 A4 纸单面打印，内容要具体、真实、字迹清楚。

3. 如填写内容较多，可另加附页。

4. 此表需候选人所在单位加盖骑缝章。

5. 表格中涉及证明人或证明材料的，请填写证明人的姓名（如本单位人事部门的负责人）或附证明材料的复印件。

# 全国技术能手申报表

| | | | | | |
|---|---|---|---|---|---|
| 姓名 | | 性别 | | 照片 | |
| 出生日期 | | 民族 | | | |
| 政治面貌 | | 文化程度 | | | |
| 职业（工种）名称 | | 职业资格等级 | | | |
| 参加工作时间 | | 从事本职业（工种）时间 | | 邮政编码 | |
| 工作单位 | | | | | |
| 身份证号码 | | | | | |
| 通讯地址 | | | | | |
| 联系电话（座机） | | 手机 | | | |
| 电子邮箱 | | | | | |
| 主要经历 | | | | | |
| 起止时间 | 在何单位学习、工作 | | | 证明人 | |
| | | | | | |

续 表

| 项目 | 内容 | 证明人或证明材料 |
| --- | --- | --- |
| 获得国家专利情况 | | |
| 荣获省部级以上科技进步奖情况 | | |
| 技术革新情况 | | |
| 其他绝招绝技或突出贡献 | | |
| 职业技能竞赛获奖情况 | | |

**续 表**

<table>
<tr><th>项目</th><th>内容</th><th>证明人或<br>证明材料</th></tr>
<tr><td>曾获得的<br>荣誉称号</td><td></td><td></td></tr>
<tr><td>其他获奖情况</td><td></td><td></td></tr>
<tr><td colspan="3">身份证复印件粘贴处</td></tr>
<tr><td colspan="3">正面：</td></tr>
<tr><td colspan="3">背面：</td></tr>
</table>

续　表

| 项目 | 内容 | 证明人或证明材料 |
|---|---|---|
| 本人所在单位推荐意见 | 签字盖章<br>年　月　日 | |
| 省、自治区、直辖市行业主管部门意见 | 签字盖章<br>年　月　日 | |
| 省、自治区、直辖市人力资源保障部门意见 | 签字盖章<br>年　月　日 | |
| 国务院行业主管部门意见 | 签字盖章<br>年　月　日 | |
| 全国专家评审委员会意见 | 签字盖章<br>年　月　日 | |

注：填表参见《中华技能大奖》填表说明。

# 国家技能人才培育突出贡献奖申报表（单位）

<table>
<tr><td>单位名称</td><td colspan="2"></td></tr>
<tr><td>所属省、行业</td><td colspan="2"></td></tr>
<tr><td>经营（培训）范围</td><td colspan="2"></td></tr>
<tr><td>注册资金（固定资产）</td><td colspan="2"></td></tr>
<tr><td>单位性质</td><td colspan="2">□ 企业<br>□ 事业<br>□ 社会团体<br>□ 民办非企业单位<br>□ 再就业服务中心<br>□ 其他</td></tr>
<tr><td colspan="3">候选单位为企业性质的，请填以下栏目。</td></tr>
<tr><td rowspan="6">经济类型</td><td>□ 内资</td><td>□ 国有全资 □ 集体全资 □ 股份合作</td></tr>
<tr><td>□ 联营</td><td>□ 国有联营 □ 集体联营<br>□ 国有与集体联营 □ 其他联营</td></tr>
<tr><td>□ 有限责任公司</td><td>□ 国有独资（公司）<br>□ 其他有限责任（公司）<br>□ 股份有限（公司）</td></tr>
<tr><td>□ 私有</td><td>□ 私有独资<br>□ 私营股份责任（公司）<br>□ 私营股份有限（公司）<br>□ 其他私有</td></tr>
<tr><td>□ 港澳台投资</td><td>□ 内地和港澳台合资<br>□ 港澳台独资<br>□ 内地和港澳台合作<br>□ 港澳台投资股份有限<br>□ 其他港澳台投资（公司）</td></tr>
<tr><td>□ 国外投资</td><td>□ 中外合资<br>□ 外资<br>□ 其他国外投资<br>□ 中外合作<br>□ 国外投资股份有限（公司）</td></tr>
</table>

续 表

| | | |
|---|---|---|
| 企业职工培训情况 | 岗位（职业）数量（个） | |
| | 岗位鉴定比例（%） | |
| | 每年鉴定人数/占职工总人数比例（%） | |
| | 每年岗位培训数（人次） | |
| | 培训经费投入占工资总额比例（%） | |
| | 单位组织竞赛活动次数（次/年） | |
| | 参加竞赛人数/比例（%） | |
| 高技能人才情况 | 职工总数（人） | |
| | 取证人数/占职工总数比例（%） | |
| | 高级技师人数/占职工总数比例（%） | |
| | 技师人数/占职工总数比例（%） | |
| | 高级工人数/占职工总数比例（%） | |
| 候选单位为培训机构的，请填写以下栏目 | | |
| 办学类型 | □ 政府办学 □ 行业办学<br>□ 企业办学 □ 社会力量办学 | |
| 师资情况 | 专业教师中双师型教师的比例（%） | |
| | 专职教师中拥有高级专业技术职称的比例（%） | |
| | 每千名学生拥有高级专业技术职称教师数（人） | |
| | 一级实习指导教师及以上职称占实习教师总数的比例（%） | |
| | 行业专家担任兼职教师的比率（%） | |
| 学生情况 | 在校生人数（人） | |
| | 学生获得相应等级的技能资格证书和职业水平证书的数量和比率（%） | |
| | 毕业生一次就业率（%） | |
| | 在校生在各级各类专业技能大赛中获奖的人数（人） | |
| | 社会进修学生人数（人） | |

续 表

| | | |
|---|---|---|
| 学生情况 | 高级技能人才占学生总规模的比例（%） | |
| | 培养高级工、技师、高级技师等高技能人才占学生规模的比例（%） | |
| 生均事业费支出情况 | 生均教学成本（元） | |
| | 培训时间 | |
| | 生均公用经费支出数（元） | |
| | 生均教学仪器设备资产值（元） | |
| | 生均实习工位数（个） | |
| | 获双证书学生总规模（人） | |
| | 社会培训生总规模（人） | |
| | 企业代培学员的比例（%） | |
| 候选单位意见 | 签字盖章<br>年 月 日 | |
| 上级主管部门意见 | 签字盖章<br>年 月 日 | |
| 省、自治区、直辖市人力资源社会保障部门意见 | 签字盖章<br>年 月 日 | |
| 国务院行业主管部门意见 | 签字盖章<br>年 月 日 | |
| 全国专家评审委员会意见 | 签字盖章<br>年 月 日 | |

# 国家技能人才培育突出贡献奖申报表（个人）

<table>
<tr><td>姓名</td><td></td><td>性别</td><td></td><td colspan="2" rowspan="4">照片</td></tr>
<tr><td>出生日期</td><td></td><td>民族</td><td></td></tr>
<tr><td>政治面貌</td><td></td><td>文化程度</td><td></td></tr>
<tr><td>职业（工种）名称</td><td></td><td>职业资格等级</td><td></td></tr>
<tr><td>参加工作时间</td><td></td><td>从事本职业（工种）时间</td><td></td><td>邮政编码</td><td></td></tr>
<tr><td>工作单位</td><td colspan="5"></td></tr>
<tr><td>身份证号码</td><td colspan="5"></td></tr>
<tr><td>通讯地址</td><td colspan="5"></td></tr>
<tr><td>联系电话（座机）</td><td colspan="2"></td><td>手机</td><td colspan="2"></td></tr>
<tr><td>电子邮箱</td><td colspan="5"></td></tr>
<tr><td colspan="6">主要经历</td></tr>
<tr><td>起止时间</td><td colspan="4">在何单位学习、工作</td><td>证明人</td></tr>
<tr><td></td><td colspan="4"></td><td></td></tr>
</table>

续　表

| 项目 | 内容 | 证明人或证明材料 |
| --- | --- | --- |
| 师带徒传授技术技能方面做出突出贡献 | | |
| 在院校教学研究提高教学质量方面的突出成绩 | | |
| 曾获得的奖励和荣誉称号 | | |
| 其他获奖情况 | | |

续　表

<table>
<tr><td>项目</td><td colspan="2">内容</td><td>证明人或<br>证明材料</td></tr>
<tr><td colspan="4">身份证复印件粘贴处</td></tr>
<tr><td colspan="2">正面：</td><td colspan="2">背面：</td></tr>
<tr><td>本人所在单位推荐意见</td><td colspan="3">签字盖章<br>年　月　日</td></tr>
<tr><td>省、自治区、直辖市人力资源保障部门意见</td><td colspan="3">签字盖章<br>年　月　日</td></tr>
<tr><td>国务院行业主管部门意见</td><td colspan="3">签字盖章<br>年　月　日</td></tr>
</table>

# 十一、关联法律法规政策索引

1. 中华人民共和国劳动法（1994 年 7 月 5 日　中华人民共和国主席令第 28 号）

2. 中华人民共和国就业促进法（2007 年 8 月 30 日　中华人民共和国主席令第 70 号）

3. 中华人民共和国职业教育法（1996 年 5 月 15 日　中华人民共和国主席令第 69 号）

4. 中华人民共和国民办教育促进法（2002 年 12 月 28 日　中华人民共和国主席令第 80 号）

5．中共中央国务院关于深化教育改革全面推进素质教育的决定（1999 年 6 月 13 日　中发〔1999〕9 号）

6. 国务院关于大力发展职业教育的决定（2005 年 10 月 28 日　国发〔2005〕35 号）

7. 国务院关于加快发展现代职业教育的决定（2014 年 6 月 22 日　国发〔2014〕19 号）

8. 中共中央国务院关于切实做好国有企业下岗职工基本生活保障和再就业工作的通知（1998 年 6 月 9 日　中发〔1998〕10 号）

9. 国务院关于加强职业培训促进就业的意见（2010 年 10 月 20 日　国发〔2010〕36 号）

10. 招用技术工种从业人员规定（2000 年 3 月 2 日　劳动和社会保障部令第 6 号）

11. 关于贯彻实施招用技术工种从业人员规定的通知（2000 年 5 月 31 日　劳社厅发〔2000〕12 号）

12. 关于印发创业培训试点指导意见的通知（1999 年 5 月 31 日

劳社培就司发〔1999〕34 号）

13. 关于印发《农民工职业技能提升计划——“春潮行动”实施方案》的通知（2014 年 3 月 31 日　人社部发〔2014〕26 号）

14. 中华人民共和国职业分类大典（1999 年 5 月）

15. 高技能人才队伍建设中长期规划（2010—2020 年）（2011 年 7 月 6 日　中央组织部、人力资源社会保障部发布）

16. 国家中长期人才发展规划纲要（2010—2020 年）（2012 年 6 月 11 日　中发〔2010〕6 号）

17. 国家新型城镇化规划（2013—2020 年）（2014 年 5 月 5 日　中共中央、国务院印发）

18. 专业技术人才队伍建设中长期规划（2010—2020 年）（2011 年 7 月 6 日　中组发〔2011〕7 号）

19. 国家高层次人才特殊支持计划（2012 年 9 月 24 日　中组发〔2012〕12 号）

20. 新世纪百千万人才工程实施方案（2002 年 5 月 23 日　人发〔2005〕5 号）

21. 中共中央办公厅、国务院办公厅关于进一步加强高技能人才工作的意见（2006 年 4 月 18 日　中办发〔2006〕15 号）

22. 关于印发《人力资源和社会保障事业发展“十二五”规划纲要》的通知（2011 年 6 月 21 日　人社部发〔2011〕71 号）

23. 关于印发国家高技能人才振兴计划实施方案的通知（2011 年 9 月 29 日　人社部发〔2011〕109 号）

24. 国家级技能大师工作室建设项目实施管理办法（试行）（2013 年 5 月 13 日　人社厅发〔2013〕51 号）

25. 关于进一步加强高技能人才评价工作的通知（2006 年 6 月 22 日　劳社部发〔2006〕22 号）

26. 国家级高技能人才培训基地建设项目实施管理办法（试行）（2013 年 5 月 13 日　人社厅发〔2013〕52 号

27. 推进企业技能人才评价工作指导意见（2008 年 6 月 20 日　人社厅发〔2008〕39 号）

28. 关于进行综合性职业培训基地建设有关事项的通知（1996年6月3日） 劳部发〔1996年〕195号）

29. 关于进一步推行职业资格证书有关问题的通知（1997年8月25日 劳部发〔1997〕258号）

30. 关于开展单项职业能力考核试点工作的通知（2005年5月8日 劳社厅发〔2005〕4号）

31. 国家职业资格全国统一鉴定工作规程（试行）（2006年1月4日 劳社厅函〔2006〕3号）

32. 关于做好农村劳动力培训考核鉴定工作的通知（2006年11月10日 劳社厅发〔2006〕29号）

33. 关于做好香港、澳门居民参加内地统一举行的专业技术人员资格考试有关问题的通知（2005年1月14日 国人部发〔2005〕9号）

34. 关于向台湾居民开放部分专业技术人员资格考试有关问题的通知（2007年5月30日 国人部发〔2007〕78号）

35. 关于再向台湾居民开放部分专业技术人员资格考试有关问题的通知（2009年6月26日 人社部发〔2009〕54号）

36. 关于个体工商户、私营企业从业人员实行职业资格证书制度有关问题的通知（1995年2月20日 劳部发〔1995〕459号）

37. 实行就业准入的职业目录（1999年3月1日 劳社培就司字〔1999〕17号）

38. 专业技术人员资格考试违纪违规行为处理规定（2011年3月15日 人社部令第12号）

39. 关于做好2014年国家职业资格全国统一鉴定工作的通知（2014年1月24日 人社厅发〔2014〕9号）

40. 关于严格职业资格证书管理的通知（2009年3月10日 人社职司函〔2009〕18号）

41. 关于职业资格证书改版及核发管理工作有关问题的通知（2009年12月4日 人社厅发〔2009〕137号）

42. 国务院关于第六批取消和调整行政审批项目的决定（2012年9月23日 国发〔2012〕52号）

43. 国务院关于取消和调整一批行政审批项目等事项的决定（2014年8月12日　国发〔2014〕27号）

44. 国务院关于取消和调整一批行政审批项目等事项的决定（2014年11月24日　国发〔2014〕50号）

45. 国务院办公厅关于清理规范各类职业资格相关活动的通知（2007年12月31日　国办发〔2007〕73号）

46. 关于减少职业资格许可和认定有关问题的通知（2014年8月13日　人社部发〔2014〕53号）

47. 关于做好取消企业法律顾问职业资格后续工作的通知（2014年8月13日　人社厅发〔2014〕122号）

48. 关于做好国务院取消部分准入类职业资格相关后续工作的通知（2014年8月13日　人社部函〔2014〕144号）

49. 关于做好取消土地登记代理人职业资格后续工作的通知（2014年11月19日　人社厅函〔2014〕349号）

50. 关于做好取消矿业权评估师职业资格后续工作的通知（2014年9月18日　人社厅函〔2014〕350号）

51. 关于做好取消注册税务师职业资格许可和认定事项后续工作的通知（2014年9月28日　人社厅函〔2014〕374号）

52. 关于做好取消质量专业技术人员职业资格后续工作的通知（2014年9月30日　人社厅函〔2014〕377号）

53. 关于做好取消注册资产评估师职业资格后续工作的通知（2014年10月10日　人社厅函〔2014〕380号）

54. 国务院办公厅转发劳动保障部等部门关于积极推进劳动预备制度加快提高劳动者素质意见的通知（1999年8月20日　国办发〔1999〕60号）

55. 国务院办公厅转发劳动保障部等部门关于积极推进劳动预备制度加快提高劳动者素质意见的通知（1999年6月27日　国办发〔1999〕60号）

56. 关于印发劳动预备制培训实施办法的通知（2000年4月7日　劳社厅发〔2000〕10号

57. 关于印发技工院校设置标准（试行）的通知（2012 年 1 月 31 日 人社部发〔2012〕8 号）

58. 关于大力推进技工院校改革发展的意见（2010 年 8 月 23 日人社部发〔2010〕57 号）

59. 关于企业职工教育经费提取与使用管理的意见的通知（2006 年 6 月 19 日 财建〔2006〕317 号）

60. 教育部关于开展现代学徒制试点工作的意见（2014 年 8 月 25 日 教职成〔2014〕9 号）

61. 中华技能大奖和全国技术能手评选表彰管理办法（2000 年 8 月 29 日 劳动和社会保障部门第 7 号部令）

62. 关于组织开展 2014 年中国技能大赛的通知（2014 年 3 月 24 日 人社部函〔2014〕42 号）

63. 关于印发《世界技能大赛参赛管理暂行办法》的通知（2013 年 4 月 12 日 人社部发〔2013〕28 号）

# 后记

1994年7月5日，在劳动法制建设上具有里程碑意义的《中华人民共和国劳动法》颁布，我国劳动关系进入了依法调整的新时期。20年来，我国已初步形成以《劳动法》为龙头，《劳动合同法》《就业促进法》《社会保险法》《安全生产法》《职业病防治法》《劳动争议调解仲裁法》等法律法规相配套的劳动法律体系。这一切，都对社会发展和劳动者的生活带来了巨大的影响。

近年来，伴随着劳动者依法维权意识增强，人们对劳动法律知识的需求也日益突出。针对这一实际问题，为满足广大职工的利益诉求，中国工人出版社策划出版了“劳动权益书系”(共18册)。本丛书把涉及劳动权益的法律政策进行分类，集中梳理出与劳动者切身利益相关的劳动法律问题并附以文书与图示、关联法律法规政策索引，更加方便职工查阅使用。

希望这套丛书的出版，能够帮助广大职工了解、掌握一些必备的法律知识，增强法律观念，提高法律素质，同时对工会组织职工、引导职工、服务职工、维护职工权益方面起到促进作用。

编　者

2015年3月